时光回溯,小桥流水

机杼声声不绝于耳

挽留传统,还是探索新生?

回到那个夏天,寻找另一个你

编委会

主　　　编　　钱兆悦
副 主 编　　沈　洁　朱　艳
执 行 主 编　　崔　粲

展 览 总 策 划　　钱兆悦
策 展 人　　崔　粲
陈 列 布 展　　王立群　张剑锋　张国华　陈琰璐
实 景 设 计　　郝惊涛　孙秀娟
博 物 剧 场　　王双双　钱　健　姚沉涵
数 字 藏 品　　沈　雯　王奕雯
文 创 产 品　　崔　粲
摄　　　影　　莫剑毅

特别感谢
苏州市歌舞剧院
苏州市评弹团
苏州市滑稽剧团
苏州美术馆

服装支持
苏州市锡剧团
冯英旗袍

江南无界

夏至·宏庆泰

苏州近现代丝织业故事

苏州丝绸博物馆 编

苏州大学出版社

图书在版编目（CIP）数据

　　夏至·宏庆泰：苏州近现代丝织业故事／钱兆悦主编；苏州丝绸博物馆编.－－苏州：苏州大学出版社，2022.12
　　（无界江南）
　　ISBN 978-7-5672-4210-4

　　Ⅰ.①夏… Ⅱ.①钱…②苏… Ⅲ.①纺织工业－老字号－企业史－苏州 Ⅳ.①F426.81

　　中国版本图书馆CIP数据核字（2022）第249661号

无 界 江 南
Wujie Jiangnan

夏至·宏庆泰：苏州近现代丝织业故事
XiaZhi·Hongqingtai: Suzhou Jinxiandai Sizhiye Gushi

编　　　者：	苏州丝绸博物馆
责任编辑：	倪浩文
出版发行：	苏州大学出版社（Soochow University Press）
社　　　址：	苏州市十梓街1号　邮编：215006
印　　　刷：	苏州市越洋印刷有限公司
邮购热线：	0512-67480030
销售热线：	0512-67481020
开　　　本：	700×1000　1/16
印　　　张：	22.5（共三册）
字　　　数：	253千
版　　　次：	2022年12月第1版
印　　　次：	2022年12月第1次印刷
书　　　号：	ISBN 978-7-5672-4210-4
定　　　价：	258.00元（共三册）

凡购本社图书发现印装错误，请与本社联系调换。服务热线：0512-67481020

前言

苏州蚕桑丝绸灿若云锦,在潺潺运河水的滋养下,编织着如同梦境般绚烂的江南。晚清至民国,是苏州丝织业近代化演进的重要时期,蚕桑水平不断提高,新型织机开始应用,劳动关系出现转变,社会结构逐步变化,技术革新方兴未艾,蚕桑教育得以振兴,勾勒出苏州丝织业的全新画卷。梦中总有故事,这是一个关于苏州近代丝织业的故事。故事里的他们生活在古城姑苏,从事着不同的丝织行业,追求着各自的人生理想,源远流长的丝绸把他们联系在一起,这是姑苏的城市基因,也是姑苏人挥之不去的记忆。

目录
Contents

001 **缘起：夏至·宏庆泰**
002 纱缎庄账房简介
003 宏庆泰的来历
004 苏州夏至民俗
005 民国苏州丝绸产业简述

008 **梦里不知身是客**
010 人物介绍

022 **正是江南好风景**
024 苏州丝绸博物馆藏品
039 AR 观展

040 **纵使相逢应不识**
042 线上展设计理念
044 苏州丝绸历史遗迹简介

048 **但愿长醉不复醒**
050 个人剧本
076 第一幕:开始与互动
081 第二幕:探索与学习
083 第三幕:结局与升华
092 跨界合作

096 **心有灵犀一点通**
098 文创产品

江南无界

缘起：
夏至·宏庆泰

　　"宏庆泰"文化IP由苏州丝绸博物馆原创，在深入挖掘馆藏文物的基础上，以"展览＋剧场"的展示方式，结合AR（增强现实）技术、线上展览、数字藏品、博物剧场、文创商品等多种表现形式，对博物馆线下元宇宙的概念做出一次探索和尝试。观众可以在真实的展厅中走进虚构的故事，演绎另一个自己，回到百年前的姑苏，追寻丝织业近代化演进的过程和面貌。

纱缎庄账房简介

受官营织造影响,清代中后期,苏州民间丝织业迅速发展,城乡木机数量一度有一万五千余台,赖以生活者十余万,占全城人口的三分之一。同治年间,"纱缎庄账房"之名现于文献记载,脱胎于官府批准的纱缎经纪,开设者为中型至大型机户,其经营方式采取放料代织,即统一采购生丝,按时发至经丝染坊做染色处理,之后牵经绕成经团,发放给机户织造,生产连续而不间断。机户织成后上缴,经纱缎庄账房检验合格,统一销售给客商。据1913年江苏省实业司统计记载,当时苏州计有大小纱缎庄54家,同业工会称"云锦公所",初设于祥符寺巷。

1913年12月苏州纱缎业部分注册商号表

牌号	地址	经理	机台	开设时间
杭恒福禄记	古市巷	杭祖良(小轩)	300	同治年间
李宏兴禄记	西白塔子巷	李文模(灿若)	500	光绪二十年(1894)
李启太	濂溪坊	李庆鸿(杏生)	200	嘉庆七年(1802)
永裕	砂皮巷	邹宗淇(椿如)	500	—
李宏兴祥记	皮市街	李宗邺(仲庆)	—	乾隆五十八年(1793)
夏庆记贻号	装驾桥巷	夏鸿宝(丽生)	100	—
朱隆昌义记	石塘桥弄	朱如钧(晋甫)	200	同治十三年(1874)
鸿兴庆	潘儒巷	盛务源	—	宣统二年(1910)
王义丰	皮市街	王介安、王义安	200	光绪二十八年(1902)
永兴泰文记	皮市街	谢守祥	—	同治六年(1867)
张凤记	祥符寺巷	张标(凤仪)	—	—

宏庆泰的来历

纱缎庄，民国时期苏州丝绸业的生产核心。宏庆泰纱缎庄，由苏州丝绸博物馆依据馆藏三件文物的织款，各取一字原创而得。这三件藏品为民国时期苏州三家纱缎庄所产匹料的匹头，分别为李宏兴祥记、鸿兴庆、永兴泰文记。纱缎庄作为生产核心，与普通机户、经丝染坊、机壳作、绸缎店、绣庄一起，勾勒出民国时期苏州丝织业的轮廓。

李宏兴祥记匹头

鸿兴庆匹头

永兴泰文记匹头

苏州夏至民俗

农历五至六月间,江南烟雨迷离,一年一度的黄梅时节,阴晴不定,气压低下,吴中人家在这时会驱蚊防虫、消毒防霉。夏至日到,便快出梅了,若遇上晴天,正可一扫颓丧,外出赏荷。"六月荷花二十四",荷花也有生日,苏州人称"观莲节"。西山消夏湾即是城外赏荷佳处,此处荷花有红、白、黄数种,一望数十里,为水乡胜景。游人放棹纳凉,花香云影,皓月澄波,往往留梦湾中,越宿而归。

若是天公不作美,"赤脚荷花荡"也颇有意趣,蔡云《吴歈百绝》一首咏道:"荷花荡里龙船来,船多不见荷花开。杀风景是大雷雨,博得游人赤脚回。"苏州人的淡淡风雅,在夏至日的荷花香里,似可窥见一斑。

民国苏州丝绸产业简述

上下游产业的相互关系

丝绸产业的兴盛催生出各种相关行业，首先是蚕农栽桑养蚕、缫制土丝，之后由丝行统一收购、运销各地，部分丝线号会做掏、打、渠、摇等织造的前期处理。清朝中期，纱缎业兴起，织造原料按经纬分开，以染、织工艺的先后顺序不同，由纱缎庄统一处理。如熟织物的经丝先发至经丝染坊脱胶染色，再行手工牵经，按织造时间陆续发放给机户，以保证机户生产连续不断。机户织成上缴丝绸，领取工钱，匹料由纱缎庄跑客帮销售。因此，纱缎庄的大账房对纱缎制织工艺谙熟于胸，销售门径亦驾轻就熟。随着生织物和人造丝的比重加大，专业处理丝线的经丝染坊衰落，专业染绸的绸布染坊兴起。而专门销售各种匹料的绸缎店为商业零售业态，随着时代变化扩大经营范围，除缎、绸、绫、绉、罗等之外，更兼营棉布和中西服装。

近现代丝绸生产工序

自古以来，丝绸生产须经植桑、育蚕、缫丝、织绸、练染等环节，其中绸缎匹料织造之前，经纬线须经多道准备工序，又按染、织先后顺序不同分为熟织物、生织物。近现代机械化生产代替手工操作，丝绸生产工序的界定更为清晰。

蚕桑部分包括栽桑养蚕和吐丝结茧；缫丝部分包括蚕茧处理、煮茧缫丝、卷取干燥和复摇成绞；织绸部分包括浸泡、络丝、并丝、捻丝、定型、倒筒、牵经、浆经、卷纬（摇纡）、纹样设计和意匠图绘制、织造；练染部分分为染丝和染绸，包括脱胶、练白、染色、水洗、烘干、印花、整理。

纺织原材料的更新发展

原材料的更替变革，是近现代丝织业发展的重要内容。数千年里，丝绸生产靠的是养蚕人家手工缫制的土丝。新鲜蚕茧烘贮问题一直到机械化时代才算真正解决，在此之前，每户蚕农都自备土法缫丝工具，以水煮茧、脚踏缫丝，昼夜不停。生丝通过遍布全国的丝行丝栈交易并远销海外，一度占据晚清对外贸易的核心地位。民国后，缫丝工厂创设，由机器缫丝，所出厂丝一改土丝粗粗细细、糙类极多的缺点，色洁均匀、各项牢度高，粗细规格齐全，更适应高速运转的电机生产。科技发展还带来原材料的变革，植物性纤维经过化学加工再造，形成长纤维，即人造丝，其性能与桑蚕丝类似，光泽美观，且与蚕丝染色性质不同，可使织物呈现闪色、双色等效果，在织造中大量掺入，发展出丰富多彩的人造丝交织品种。

织物结构和品种

机器丝织业兴起之前，织物的组织结构是区分丝织品种的主要依据，约有缎、锦、绉、罗、纱、绢、绫、绒等七至十个大类，与现代丝织物十四大类的划分稍有区别。其中经纬线直角相交的平行类织物范围最广，通常所知的绫（斜纹组织）、纺绸（平纹组织）、缎（缎纹组织）、绉（丝线加捻）、葛（平纹组织）、绡（平纹组织）、锦（重组织）均属于此。与之相对应的是纱、罗等经纬线互相绞合的绞经类织物，以及呈现绒毛和绒圈的起绒类织物（如天鹅绒、灯芯绒、烂花绒）。

苏州丝织业近代化进程

民国初年至1937抗日战争全面爆发之前，江浙地区作为传统的丝织中心，具备完整的手工产业链，加上电力供应较好、资金筹措便利，眼界开阔的从业者们通过引进、改造和仿制欧美及日本的丝织机械，同时研习相关技术，逐步完成全手工操作到半机械化、全机械化生产的现代化进程。传统木织机所需的挑花结本，为纹样设计和意匠图绘制所取代，人工拉花转为机器龙头拉花，生产效率成倍翻升，之后电力织机逐渐普及。整个生产工序也逐渐以电力机械代替手工操作，出现了整经机、上浆机、络丝机、并丝机、捻丝机、卷纬机等。

梦里不知身是客

江南无界

江南如梦,梦里江南。

恍惚穿过时光隧道。

百年前,也是在一个春夏之交的日子,

桑柘遍野,人人习蚕,东北半城,万户机声。

如果你是其中的一员,你,会是谁?

是留洋归来、力主改革的他?还是遵从家道、复兴传统的他?

是温柔娴静、绣技出众的她?还是眼界开阔、熟悉生意的她?

人物介绍

夏宗卿

宏庆泰纱缎庄少爷（其父为宏庆泰纱缎庄当家人夏伯祥）

代表机构：

纱缎庄

代表群像：

留洋改革派

行当简介：

纱缎庄，为民国丝绸产业的生产核心，统一采购原材料并处理，定时发放给机户织造，成品经检验合格，由纱缎庄统一销售给客商。

虚构店名：

宏庆泰纱缎庄

古城位置：

祥符寺巷（位于苏州古城区中部，东接皮市街，西出人民路）

展出文物：

银紫色实地花罗男长衫

人物介绍：

夏宗卿，今年22岁，家境优越，留洋多年，方学成归国。坐落在苏州祥符寺巷的宏庆泰纱缎庄是夏家的家族产业。父亲夏伯祥，期待儿子传承门户。但儿子对苏州传统丝绸产业的故步自封充满愤怒和不解，立志改革，欲将留洋学到的技术和理念推广开来。

人物独白：

"我家的纱缎庄在祥符寺巷，春夏里下乡去收土丝，定时发去经丝染坊染色，绕好了发给各家机户，匹料收上来再卖个好去处。宏庆泰这块招牌在老爷子手上越做越大,他有心传给我,可我从小见惯了老人家们面上一套背地里一套,烦透了,还是留学时候看见的机器工厂好,讲效率、讲标准,咱们苏州丝绸也该这么干。"

宏庆泰系列数字藏品
于2022年"5·18国际博物馆日"在阿里平台上线

夏宗卿(数字藏品花语:竹,人物衣着还原银紫色实地花罗男长衫的形制、纹样和织物结构)

沈初

云华绣庄千金

代表机构：

绣庄

代表群像：

旧时大家闺秀

行业简介：

随着苏州与周边区域成为全国丝织业的中心，刺绣技艺亦日渐兴盛，民间家家有绣绷。清贵闺阁之中，受露香园顾绣的影响，推崇画绣，以中华传统书画为绣稿，以针代笔，不惜繁复，追求气韵生动和格调高雅。后人因此总结，苏绣有平、齐、细、密、和、光、顺、匀的艺术效果。清中期后，刺绣日趋商品化，绣庄应运而生。民国初年，苏州刺绣艺术家沈寿吸收西洋油画讲究明暗和透视的特点，创造仿真绣，成为近代苏州刺绣发展史的里程碑，其针法影响至今不衰。

虚构店名：

云华绣庄

古城位置：

定慧寺巷（位于苏州古城区东部，东口为官太尉桥塘岸，正对吴王桥，西出凤凰街北段）

展出文物：

紫褐缎地海水团鸟纹彩绣女礼服

人物简介：

沈初，今年20岁，温柔娴静，与世无争，由精通刺绣的奶奶带大，因此绣技娴熟，受西洋油画的影响，正在思索如何将光影感融入苏绣技艺。父亲是苏州商会的副会长，母亲沈林氏是百花染坊的当家。奶奶经营着苏州颇有声名的云华绣庄，绣庄坐落在定慧寺巷，在一众书店、文房铺子之间，远近闻名。

人物独白：

"我……我没怎么出过门，从小奶奶就教我描花样子做刺绣，一辈子经营绣庄的她很少夸奖我，但我知道自己的绣活越来越细致灵动。奶奶说要把定慧寺巷的云华绣庄给我做嫁妆，但我最近对油画的光影很着迷，尝试对比着做了一点绣品，她老人家见了很生气，不允许我再接触舶来的艺术。"

沈初（数字藏品花语：梅，人物衣着还原紫褐缎地海水团鸟纹彩绣女礼服的形制、纹样和刺绣技艺）

史仲铭
史记机壳作子弟

代表机构：

机壳作（坊）

代表群像：

守旧的手艺人

行业简介：

上万台手工木机的连续织造，须备有大量的零配件随时更换，为顺应这一需求，专门生产丝织机零配件的机壳作坊陆续出现在皮市街、平江路、齐门路一带，机架、杼轴、桁、轱辘、综蹑应有尽有，梭子、竹箈、纡管、麻绳等亦有专门的店铺经营。

民国初年，丝绸行业率先开始由传统手工业向机器工业蜕变，各纺织厂、绸厂陆续开设，传统的木机逐渐为铁木手拉机替代，进而是电力织机。1920年之后，铁工厂兴起，专门修理电机和龙头，制造络丝、捻丝、拼丝、摇丝等准备机械以及钢筘梭子等电力织机配件，上述与木机相关的手工作坊随之衰落。

虚构店名：

史记机壳作

古城位置：

皮市街（位于苏州古城区中部，南起观前街，北至西北街）

展出文物：

铁头织梭和竹箈

人物简介：

史仲铭，今年22岁，自小从事体力劳动，身材高大，干劲十足。家里在皮市街经营史记机壳作，专门制作各种丝织机零配件，供货给纱缎庄、机户和绣庄。史仲铭熟悉家传手艺，受过传统私塾教育,一心想把家业做大,因此热衷于同宏庆泰的夏少爷搞好关系。

人物独白:

"皮市街的史记机壳作是我家开的,大小机户、纱缎庄和绣庄都跟我家有往来,从小我就跟着爹和大哥学着做机架、杼轴、综蹑,这满苏州城上万台丝织机,天天连轴转,这里头可少不了我家的手艺。我不懂夏家少爷介绍的机器是个什么玩意儿,可我知道要是依了他,那我家上上下下,可不得喝西北风去了!"

史仲铭(数字藏品花语:松,人物手中道具还原铁头织梭)

李文绫

宝丰绸缎店千金

代表机构：

绸缎店

代表群像：

新时代的独立女性

行业简介：

绸缎店向各地纱缎庄和客商购进成品用以零售，在苏州商界地位很高，铺面主要集中在阊门内东中市、西中市一带。苏州绸缎店最初由家族成员运营，之后外聘业内行家为执事，即后来的经理。绸缎店讲究出样，艳丽与素雅搭配得宜，店员须从学徒开始，练就量布、抖布、码布、卷布等基本功，还须学习毛笔字书写、打算盘、介绍商品和待人接物等。随着时代变化，绸缎店逐渐扩大经营范围，除缎、绸、绫、绉、罗等之外，更兼营棉布和中西服装等。

虚构店名：

宝丰绸缎店

古城位置：

阊门（位于苏州古城之西，通往虎丘方向）

展出文物：

蓝地闪金彩寿菊库缎

人物简介：

李文绫，今年23岁，小家碧玉，家境殷实。家里开的宝丰绸缎店，位于阊门，从各地客商和纱缎庄进货，卖的料子品种多、花样新，偶尔也会接到客人来店订制刺绣和服装。从小当男孩子教养，受过新式教育，也跟各色人等打过交道，深知品种和花色对丝绸贸易的重要性，所以立志改良和推广。

人物独白：

"苏州城里人都晓得，买料子得去阊门的宝丰绸缎店，价格公道，花样繁多。因母亲过世得早，父亲又经营着太爷爷传下来的生意，便将我当作男孩子教养。除了念书之外，我也喜欢混在自家店里帮忙，自小看惯了繁华富庶和眉眼高低。我心里明白，苏州丝绸要走出一片新天地，靠现有的品种和花色远远不够。"

李文绫（数字藏品花语：菊，人物衣着还原蓝地闪金彩寿菊库缎的颜色、底纹和花型）

余根生
普通职工 / 机匠

代表职业：

机户、机匠、织工

代表群像：

努力跨越阶级的普通民众

行业简介：

  机户是专门从事丝织手工业的家庭户，早在宋代已大量产生。清代，官营织造选定民间机户，向其发放官机执照，由机户自行织造，织成后上缴丝绸，称为"领机给贴"，机户的空余时间可自行安排。这些机户逐渐发展，少数成为大机户成立纱缎庄，大部分从现做现卖的个体户转而受雇于纱缎庄，领料代织。代织机户和机匠数量越来越多，与经营得当的纱缎庄一起，勾勒出民国时期苏州丝织业资本主义萌芽的轮廓。

虚构住址：

  仓街（位于苏州古城东部，南出干将东路东端，往北穿过白塔东路、东北街，直至娄门横街）

展出文物：

  民国匹头（李宏兴祥记、鸿兴庆、永兴泰文记）

人物简介

  余根生，今年25岁，为人低调谦和，肯吃苦且性格谨慎，家住仓街。祖上是织造衙门下属的机户，幼时家境尚可，但父母投资失败，转而受雇于人，因此益发贫寒。余根生织造手艺娴熟，并暗自学习纱缎庄运营的相关知识，期望有朝一日能开设苏州最大的纱缎庄。

人物独白：

"我家住仓街，祖上也是织造衙门下属的机户，自从皇帝老爷不管事儿了，爹娘也想开个纱缎庄碰碰运气，谁知生丝买卖水太深，多年积蓄打了水漂，织机也当了还债，爹妈就靠给大纱缎庄织绸缎，勉强糊口。这份织造手艺和家族使命一起传到我这，自小我就加倍努力，定要开出这苏州城里最大的纱缎庄来。"

余根生（数字藏品花语：棉花，人物手中道具还原民国匹头）

沈林氏
染坊业主 / 商会老板娘

代表机构：

经丝染坊

代表群像：

穿行于传统与现代之间的实业家

行业简介：

苏州传统的丝绸产品以熟织物为主，而熟织物的经纬原料必须先行染色，之后才能上机织造。据清内务府记载，宫廷庆典所需服饰缎匹，是先采购生丝后在苏州练染，再运至各地织造，因此苏州染业极盛、技术领先。民国年间，随着人造丝普及、生织物增产、机械生产规模扩大和外来文化的影响，传统经丝染坊盛极而衰，染织设计逐渐从手工生产中分离出来，出现专门的图案设计师。如苏州振亚丝织厂股东娄凤韶成立的凤韶织物图画馆，依据美学和风尚，为苏州振亚和上海云林的各丝织厂设计织物图案小样，再行生产。

虚构店名：

百花染坊

古城位置：

虎丘（出苏州古城，往西北方向3千米）

展出文物：

紫地织银彩印花卉缎无袖夹旗袍

人物简介：

林意映，今年38岁，丈夫沈海是商会副会长，位于虎丘的百花染坊是娘家的产业，家里世代掌握着配色染丝的手艺，对色彩极度敏感，追求完美。在教育子女上遵从传统，在开拓产业上眼界新潮，站在传统和现代之间，对工艺和科技均有所了解。

人物独白：

"我姓林，夫家姓沈，虎丘的百花染坊是我娘家的产业。各家纱缎庄定期会送土丝过来，染成了再给送回去。绣庄要的绣线颜色最繁，也是交给我们染。原先我是完全不懂这染丝的事，出嫁后多了出门行走的机会，倒是觉出这染坊的有趣来，慢慢地便接手了生意，经我把关的色彩，承蒙业内看得起，都赞一声好。"

沈林氏（数字藏品花语：牡丹，人物衣着还原紫地织银彩印花卉缎无袖夹旗袍的造型、颜色和纹样）

正是江南好风景

江南无界

苏州丝绸博物馆围绕馆藏六件文物，在展厅还原了民国时期苏州古城丝织业的独特面貌。宏庆泰纱缎庄、云华绣庄、宝丰绸缎店、百花（经丝）染坊、史记机壳作、机户平民家庭六个主要行业场景和纱缎庄厅堂、富春楼茶馆、西山消夏湾等三幕空间一起结合，观众仿佛置身清朝晚期至民国年间苏州丝织业近代化演进的重要时期，在继承传统与求新变革中，迷茫并探索着。

苏州丝绸博物馆藏品

紫地织银彩印花卉缎无袖夹旗袍

民国

民国晚期旗袍。低领、无袖、收腰半开襟，左右侧低开衩。衣身面料先在缎纹地上织扁银枝叶，再印以多彩花卉，层次丰满，富贵华丽。

紫地织银彩印花卉缎无袖夹旗袍

李宏兴祥记

民国匹头
（李宏兴祥记、鸿兴庆、永兴泰文记）

民国

  民国时期苏州三家纱缎庄所产匹料的匹头（李宏兴祥记、鸿兴庆、永兴泰文记），织款延续自官营织造的传统，具有专利保护和品牌推广的作用。

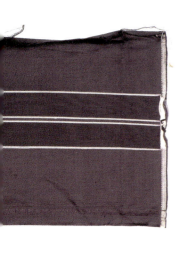

鸿兴庆

永兴泰文记

民国匹头

蓝地闪金彩寿菊库缎

民国

苏州传统丝织品种库缎,花型精致,色彩亮丽,出自老字号纱缎庄夏庆记贻号,由夏庆记后人捐赠苏州丝绸博物馆。

蓝地闪金彩寿菊库缎

铁头织梭

现代仿清

　　铁头织梭为传统丝织机织造时所用，位于织机下方的投梭工以之引导纬线，与经线交织。梭子两头光滑扁平，方便在经面开口中穿梭，中轴的纡管可以根据产品纹样设计，替换不同色彩或粗细的纬线。

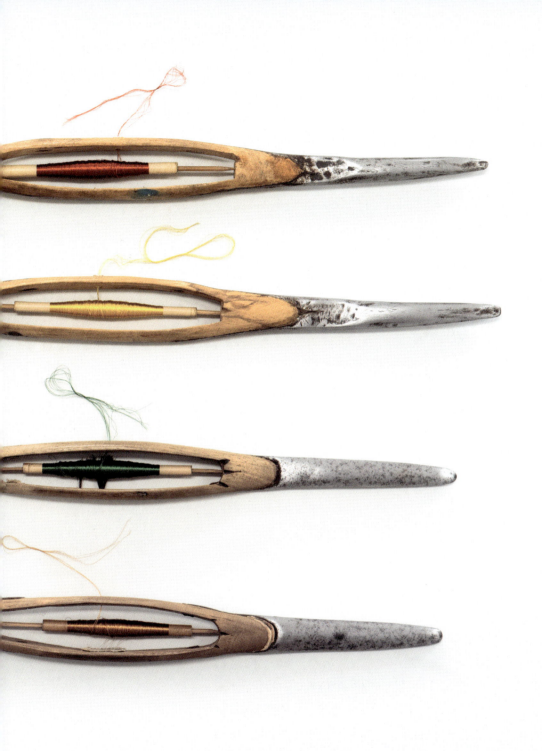

铁头织梭

紫褐缎地海水团鸟纹彩绣女礼服

民国

民国初期贵族女眷出席重要场合时穿着的礼仪服饰。款式为立领、倒大袖、对襟，外缘以机织绦带包边。衣身的前后幅和双肩绣有八团锦鸡和谷穗图案，下摆与袖口绣有海水牡丹纹，针脚细密齐整。

紫褐缎地海水团鸟纹彩绣女礼服

银紫色实地花罗男长衫

民国

　　民国时期男子夏季单长衫,立领、平袖、对襟直身。面料为全真丝实地花罗,轻薄挺括。图案为卷草花叶纹,花叶中心有绞罗结构的椭圆形装饰,增加了灵动感和层次感。

银紫色实地花罗男长衫

王池良老师扮演夏伯祥

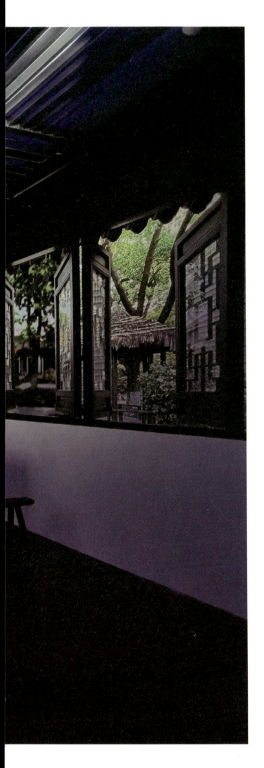

AR 观展

跟苏州人最熟悉的"王伯伯"
一起逛展览
是种怎样的体验?

苏州丝绸博物馆特邀苏州市评弹团的王池良老师扮演夏伯祥,为大家讲解苏州近现代丝织业故事和丝绸知识。观众通过租用 AR 眼镜,在二楼夏至·宏庆泰展厅探索。

讲述:"夏至·宏庆泰"时代背景、丝织业行业关系、织物结构、机械纺织、丝绸生产工序、原材料生产环节等知识和平江路、虎丘的相关知识,以及苏州夏至民俗等古城文化。

介绍:纱缎庄、绣庄、机壳作坊、绸缎店、染坊、机户等情况。

解读:银紫色实地花罗男长衫、紫褐缎地海水团鸟纹彩绣女礼服、织机配件、蓝地闪金彩寿菊库缎、紫地织银彩印花卉缎无袖夹旗袍、民国匹头等文物展品信息。

AR 技术用新的方式打开博物馆,让大家倾听苏州丝织业的故事,感受苏州古城的温度,体会文物背后的历史。

纵使相逢应不识

江南无界绸

明清年间的苏州，丝绸生产规模居全国之冠，渐成世人向往之地。

当吱呀作响的缫丝车遇见洁白光鲜的厂丝，当祖传的织造手艺遇见轰鸣而至的机器，当精细雅洁的苏绣遇见光影过渡的油画，当美学引领风尚在丝织纹样设计里熠熠生辉……苏州丝绸博物馆邀请您，在熙熙攘攘间驻足片刻，看一看苏州近代丝织业的故事。

扫码观看"夏至·宏庆泰"云展览

线上展设计理念

以 H5 的形式设计,适配各个型号的手机界面,切换流畅,突出重点,丰富娱乐属性,吸引观众往下点击,生成可分享式个人专属角色海报。设计拼图小游戏,完成者可在展览现场优惠购买实体文创产品,将线上与线下结合,更广泛地传播民国丝绸产业知识,为博物剧场埋下伏笔。

1. 入口界面综合画面，音乐展现故事性。导语结束，点击"进入展览"，开启时光之旅。

时光回溯，百年前的姑苏古城。
小桥流水，机杼声声不绝于耳。
是挽留传统，还是探索新生？
是遵亲之命，还是自由恋爱？
回到那个夏天，寻找另一个你。

2. 第一个画面：以夏伯祥为第一人称介绍故事背景。引入民国时期的六个丝绸行当，以宏庆泰群像作先导视频。引导观众选择"如果你是其中一员，你会选谁"。

3. 第二个画面：滑轮式人物图片，介绍姓名、身份、人设，不提供具体故事，观众选择后出现对应的文物名称并对文物元素做提亮处理，停留时间加长。

4. 第三个画面：以苏州丝织遗迹地图为背景，来到选定人物的虚构行业位置，点击人物出现人物独白，并可缩小探索地图。点击"详情"了解该人物对应的行业和文物背景知识。可返回重新选择人物。

5. 第四个画面：生成个人专属角色海报。
这些人物的故事才刚开始，苏州丝绸博物馆全新线下博物剧场"夏至·宏庆泰"，等你来演绎，敬请期待吧！

6. 拼图界面：逻辑链单独，与人物选择并行，可以跳过，素材用"宏庆泰"文字。设两个难度，完成后保存电子海报。

苏州丝绸历史遗迹简介

平江路

据记载,平江路古名十泉里,实际上,宋元两代,平江已是苏州的代称,今存苏州碑刻博物馆的宋代苏州城市平面图,即为《平江图》。

平江路一座座桥的两端,连接着一条条幽静的横巷。近百年来,从机户、纱缎庄到丝织厂、绸厂等,苏州的纺织科技与文化底蕴交织成就,丝丝缕缕藏在小巷深处,一代代的人生在这里开局,又在这里落幕。

虎丘山

虎丘山在苏州城西北约七里处,由阊门沿山塘街可直达山麓。原名海涌山,传说吴王阖闾葬在这里的第三天,有白虎踞其上,故易名虎丘。虎丘山虽仅高数十米,但丘壑奇峻,气象万千,有"吴中第一名胜"之称。晚清民国时期,虎丘地区河道宽阔、水流湍急,正是苏城经丝染坊聚集之地。

报恩寺塔

报恩寺塔俗称北寺塔,建于南宋,是一座九级八面砖木结构楼阁式塔,重檐覆宇,翼角翚飞,朱栏萦绕,金盘耸云。

金狮桥

金狮桥为明代织工集聚待工场所,随着明代苏州丝织手工业的发展,雇佣形式的商品经济生产关系开始萌芽。

轩辕宫

轩辕宫位于祥符寺巷内，宋初建，清重修，主祀黄帝及先蚕圣母西陵氏，后为云锦公所，1930年改称丝织业同业公会。

西山消夏湾

六月二十四日是荷花生日，六月赏荷是苏州风俗盛观。西山消夏湾是赏荷胜处之一，消夏湾今貌已改，但荷香氤氲、留梦湾中的情景仍留在苏州人悠悠的记忆之中。

东吴丝织厂

东吴丝织厂创建于1919年，历史悠久，享誉国内外，集织造、纺丝，服装等生产能力于一体，曾经是以生产出口真丝绸和各类交织花色绸、化纤织物为主的全国丝绸行业大型骨干企业。

阊门盛泽码头

清嘉道年间由盛泽绸商集资建造的转运丝绸产品专用船埠码头，位于阊门内水关桥以西。

玄妙观

元代玄妙观内设立苏州丝织机业行会组织，是省内第一家丝绸行业公所。明正统年间，玄妙观东通道机房殿内主祀轩辕黄帝。

云岩寺塔

云岩寺塔又名虎丘塔，始建于后周，为七级八面砖结构为主的仿木结构楼阁式塔，兼具唐宋两代古塔风格。1957年塔内发现一批北宋珍贵文物，其中包裹经卷的绢质经袱均为不同色泽和花纹的丝绸绢、绫、锦等织物，在织造技艺上已具备非常高的水平。

富春楼
茶馆又名茶肆，是清代苏州城市主要消闲场所，虎丘、山塘、玄妙观、临顿路、胥门外、葑门城外、盘门外都是茶肆云集之地。据资料记载，仅临顿路一带就有富春楼、龙泉、壶中天、新园、群贤居等十余家茶馆。

振亚丝织厂
1916年，原纱缎庄改组，振亚织物公司成立，寓意"振兴东亚实业，发扬中华国光"。新中国成立后，振亚丝织厂位列苏州四大绸厂之首，织品优良，花色新颖，受市场青睐。

锦帆泾
锦帆泾在春秋时为吴国子城护城河，位于人民路憩桥巷至香花桥段。现人民路东侧干将东路与十梓街之间的南北通道仍名为锦帆路。

滚绣坊
滚绣坊原名衮绣坊，东起凤凰街与带城桥下塘相交处，西起平桥直街。衮绣指古代绣制的三公礼服。

作院
作院为南宋所建官营织造机构，位于子城西北角。随着江南地区丝绸生产的兴起，这里绫、罗、缂丝技艺愈发精湛，朝廷开始在苏州设立专门机构生产高档丝织品，以供皇室专用。

苏州织造署

苏州织造署为清代设立的官营织造衙门。清政府立国之初,就选择了前代江南地区丝织生产最为突出的苏州、江宁(今南京)和杭州恢复设立织造局,后称"江南三织造"。康熙二十三年(1684)在苏州织造署西部建行宫,作为清帝南巡驻跸之所。

相王庙

相王庙位于相王弄。赤阑相王在民间是管理阴间织造的神,织造府制作上用龙袍御服时会供奉赤阑相王一份,至今仍有祭祀阴织造的习俗。

吉利桥

吉利桥古称织里桥,桥附近道前街、司前街口一带在春秋时为吴王宫廷所设立的织造锦绸场所,当时苏州就已生产有缟、锦、罗、缯等丝织品。

瑞光塔

瑞光塔始建于北宋,为七级八面砖木结构楼阁式塔,是宋代南方楼阁式塔的成熟代表作。1978年第三层塔心窖穴内发现真珠舍利经幢等珍贵文物,其中织绣类文物有刺绣丝织经袱和丝织缥头等。

七襄公所

清代道光年间丝织同业者集会、办公场所,位于阊门内文衙弄园林艺圃内。

但愿长醉不复醒

江南无界

苏州丝绸博物馆与苏州云观博团队联合创作了原创故事、虚拟人物和演绎剧本，以历史家国情怀为主背景，串联起人物之间的相互关系和爱恨情仇。观众自行选择人物角色，在展览现场进行故事演绎，每个人物都有自己的故事线、人生理想和奋斗目标，通过完成不同的任务，解锁各自的人生选择，从事业和情感多方面来实现开放式结局。

个人剧本

夏宗卿

你叫夏宗卿，今年 22 岁，留洋多年，方学成归国。你的父亲名为夏伯祥，在老家苏州操办着丝绸营生，坐落在苏州祥符寺巷的宏庆泰就是你家族的产业，在这苏州城里是鼎鼎大名的大纱缎庄。那个时期，机户发展是由小机户发展为中等机户再壮大为大机户，大机户抓住商业发展的机会发展成为纱缎庄。其中，纱缎庄主营放料代织，不收布料，直接跟机户、织工打交道。所以你知道父亲为了发展为大纱缎庄，付出的辛苦和心血。

你记得你小的时候，家中并没有现在这么发达，家中的纱缎庄规模还没有现在这么大，但是吃穿不愁。每到夏至，你父亲总是会异常忙碌，周围织布的人家都会来叫上你父亲做上那么一两件新物件，而一年到头，你也总有那么一段时间不会被父亲管教，能够痛痛快快地和朋友玩上那么几天。某年开始，每到夏至的晚上，父亲就会为你准备一件特别的核雕，上面刻有来年生肖的图案。你还依稀记得你小时候就特别喜欢这种小玩意儿，一到夏至就吵吵嚷嚷要父亲拿出当年的核雕。就这样，你的父亲再忙，也会抽出时间刻核雕，整整为你做了 6 年的核雕，每年一件，从不缺席。

本来大家都是和你穿一样款式的衣服，但是不知道从什么时候开始，都变成了立领的大衣或者是有黑色领子的带有褶皱的衣服，有些人还要配上一个黑色的帽子。而父亲近几年也越来越忙，甚至有些时候会长时间不回家。随着你年龄一天天长大，你也耳闻目睹了家里在丝绸行业日渐壮大的地位。后来你才知道，通过你父亲的努力，你家也在一众纱缎庄中脱颖而出，渐渐做大做强了，这正是你父亲忙碌的原因。你的家蒸蒸日上，不仅是家附近的机户，甚至远在外省的客商，也会到你们家来做生意。你父亲总是信不过别人，很多地方都亲力亲为，产量虽然不足，但胜在质量过硬，你父亲也算在这个领域颇有威名。

但是奇怪的是，据你观察，你周边的机户日子都没有以前好过了，有些老一辈的机户甚至由自雇转为被雇。你在父亲与邻里聊天的时候偶然听到，说现在的年轻人，都不愿意穿带着老一辈手艺的衣服，反而对舶来品样式的衣服情有独钟，这销售路子是越来越窄了。你也不止一次看到父亲坐在家门口的椅子上沉思，偶尔还会在没有活的时候出门。

原来父亲联合了苏州商会和上海商会，准备把你家乡引以为傲的丝织技艺分享到全国各地。而商会的人对你父亲这股精神也非常看重，甚至准备远销海外。你的父亲夏伯祥动员了你们这里所有干这一行的人，都参与到了这次行动中来。通过好几年的努力。你父亲把"宏庆泰"这块招牌做大做强，自己也真真正正地成为苏州丝绸行业的核心人物。

有一天，正巧有个西洋画展在你家附近举办，于是你告知了父亲，希望自己能参观这个西洋画展，顺便开拓一下眼界。父亲同意了。来到画展，你发现这次画展非常有特色，里面展示的东西，完全和你印象中的色彩不同，更加艳丽夺目，你甚至会想，如果把这些颜色用在布料和刺绣上，那一定是对所有相关行业的一次革新。你也发现在这个画展上年轻人很多，你在一幅油画前驻足的时候，一个男孩和两位姑娘也先后参与进来。你们互相介绍了自己，男孩是史记机壳作坊家的次子史仲铭，两个女孩一个是云华绣庄的千金沈初，一个是宝丰绸缎店店主的女儿李文绫。你们在画前聊起了自己的见解，你对西洋艺术赞不绝口，介绍了很多你之前了解的关于油画的知识，你结合油画的色彩和布料的应用聊起了自己的看法，李文绫也对油画和布料的联系说出了自己的见解，史仲铭则表示看不太懂这样的玩意儿，但你发现你正讲到兴头的时候，史仲铭总是有意无意地打断你。倒是沈初，全程没怎么说过话，一直偷偷地用奇怪的眼神看着你。你也没想到这一次在画展能遇到这么多同龄人，于是也说了许多。这次经历使你更加坚信了，一定要去外面的世界多看看。

在这次画展之后，那个叫史仲铭的男孩，总是有意地和你接触，起初你还以为他有什么目的，比如为家里经营奔走，给宏庆泰旗下的织机更换零配件，但是后来你发现他只是单纯想和你交朋友，你便也毫无保留地与他交流。因为家里都是从事丝绸业的，久而久之你们就成了好朋友。

彼时你已经16岁了，为了不让父亲分心，你一直都非常懂事，学习什么的更是名列前茅，对于你来说，父亲是你的骄傲，从事丝绸行业更是你的理想。你实在想不通，在学校学的那些"之乎者也"，对到时候帮助你父亲到底有什么用。而你也不止一次地告诉父亲，想要回来帮助振兴家业，都被你父亲严厉地拒绝了。

在某一天夜里，你看到商会的人来到你家约见你父亲，在平时你父亲接触的人你多多少少都见过，但这个人你从来都没有见过。你听到了他们的谈话。你父亲似乎想利用商会的关系，准备把你送往海外进修服装设计。

你听从你父亲的安排，来到了法国进修，你这辈子从来都没有坐过这么长时间的船。到了法国之后，你发现这边人穿的衣服，都和你在苏州看到人们穿的新款衣服差不多，高领的，带有褶皱的黑衣服，有些还戴着一顶黑帽子。你为了不让自己看上去异类，便也去买了一身。

在留学期间，最让你大受震撼的，是你去参观车间的时候。你看见一排排轰鸣的机器，不断地把丝线变成布匹。你也曾见过你们家附近的织工织布，原本需要一个织工织一下午的布，在这里只需要半个钟头就织好了。你不由得上前摸了一下，这里织出来的布完美无缺，虽然你不想承认，但确实比你家附近的布行卖的布质量有过之而无不及。

在这一瞬间，你好像突然明白了，为什么你父亲要把你送到法国来。一定是父亲要让你把这台机器和学习到的知识搬回去，来彻底提高苏州的丝绸产量。于是你夜以继日地学习国外先进的纺织技术，越学习你越感觉到不可思议，一台冷冰冰的机器，在通上电之后，竟然能够织出大量不输人工质量的布匹，这对于苏州的纺织业无疑是一次革命。通过你的不断努力，你在学生中的威望越来越高，有一次被邀请上台演讲，你也向同学们介绍了你们家乡的丝绸：

"我的家乡苏州有这个世界上最好的织造技术，我的父亲更是一个为丝绸而生的人。或许很多人没听说过库缎、花罗，但只要你穿过，哪怕是摸一下，你都会对这个世界上最美妙的纺织品念念不忘。法国现在也有卖丝绸的布庄，如果想要了解的我可以在下课后带大家去。"

台下的人议论纷纷，有个法国学生站了起来不屑地说道：

"你说的是那种完全没有伸缩性也不保暖的布料吧，真搞不懂它为什么卖这么贵，而且你不说，我还以为那是用来做桌布的。"

"这位同学，但凡你好好学习过知识，你都不会说出这样的话。中华的纺织精髓，可不是口出狂言的人能够感受的。"

这是你生平第一次感觉到愤怒，但是理智告诉你不能在此刻发作。你一定会帮助父亲，把你最引以为傲的东西，推广到全世界，让这群人好好瞧瞧。

在这次演讲过后，你在外国人圈里声望大减，但国人圈把你当作英雄，有个叫史伯君的男孩子对你最为崇拜，觉得你上台说的话助长了国人的威风。这个人母亲是四川人，家里也是做机壳生意的,这次你说出这席话,让他腰杆子都挺起来了。但是他跟你唯一不同的观点是,他认为大纱缎庄出的料远远不及小机户做得精细。虽然你们会为了这个话题一直争论不休,但是你们俩都知道,每个人心里都有自己的骄傲,你们也成了无话不谈的好兄弟。

在法国的几年,你学习了一身本领,离回国的日子也越来越近了。你已经迫不及待想要回去,把这几年学习的先进思想带回宏庆泰,带到你父亲的身边,要是这样,你的父亲也该承认你是他优秀的儿子了吧。

终于,在夏至的早晨,你从法国归来,带着你这几年来的成果,踏入了你的家,宏庆泰的大门,父亲早早就在屋外迎接。在父亲身边,你还见到了老朋友史仲铭。往屋内走去,宝丰绸缎店的李文绫、曾有过一面之缘的沈初、一个中年女人和一个你不认识的人正坐在大厅里。

你父亲夏伯祥见大家都来齐了,便招呼大家都坐下。

沈初

你叫沈初,今年 20 岁。你的家乡在江南的一个古城——苏州。父亲是苏州商会的副会长,母亲沈林氏是苏州最负盛名的染坊百花染坊的当家。奶奶经营着苏州第一的云华绣庄,绣庄坐落在定慧寺巷,在一众书店、文房铺子之间,远近闻名。

你家的条件可以算是异常优渥,从小你就没有为生活上的事情担心过。

在你的印象中,父母总是特别忙,父亲时常在苏州和上海两地间奔波,母亲则是一直待在自己的染坊。所以你童年的大部分时间都是跟随着奶奶度过。周围的小朋友们都羡慕你家住大房子,而只有你和奶奶知道,偌大一个房子只有你和奶奶是多么的寂寞。

从小你在奶奶的指导下踏入了刺绣的大门,你奶奶对你非常的严苛,不允许你出屋子,不允许你与男生来往,你能活动的区域永远只有这个大宅子,只能埋头研究刺绣技艺,伴随你的也只有那些花花绿绿的绣花线。

你还记得你第一次见到好友李文绫的那一天,她是跟着父亲来找奶奶。这个和你年龄相仿的女孩子穿着漂亮的绸缎,大方地从奶奶身后走出来,介绍了自己,你悄悄走上前去把自己最心爱的玩具递给了她,两人相视一笑。你的家教很严,请的老师都是私塾里最优秀的那一批,奶奶也不允许你和外面的孩子有过多交集,只有李文绫借着业务往来的关系,常常来找你。你们交换少女的心事,有时候你甚至有些羡慕李文绫,她时常能够到外面去,讲新鲜的事情给你听。

你的父亲有一次带回来了一幅西洋油画,说是上海的朋友送的,挂在家里当装饰,而你看到之后,彻底挪不开眼了。你从未想过色彩能如此绚丽,画中女人的皮肤更是栩栩如生,各种色彩交汇大胆且和谐,这都是你在家从未见过的东西。而你的母亲也总是与你说外面的见闻,你就像一个听着冒险故事的小孩,对外面的世界突然增加了无限的向往。

但是你心里清楚,你热爱刺绣到了骨子里,几乎把自己所有的时间都放在上面,以后也一定会接下你奶奶的绣庄。你深知这门手艺不仅是个技术活,熟练度也非常重要,所以一门心思扑在刺绣上,十指如葱,在绣绷上下飞舞,日日如此,从不敢怠慢。

有一天你正在家里刺绣,李文绫到了你家。李文绫说今天外面天气分外好,说什么都要与你一起出去玩,你实在是拗不过她,勉为其难地答应了下来。正好你刚绣了一个荷包,便拿出来送给李文绫,也算好姐妹间交换一下礼物,说:

"你今天带我出去玩,我把这个送给你。"

你拿出了自己绣的荷包，从李文绫的眼神中就发现了，她对这个荷包非常喜欢。

"你说的当真？"

"肯定当真。"

"太好了……今天我们一定要玩得尽兴。"

就这样，你第一次随着李文绫出了家门。在路上的一切都很新奇，你们准备在一个河滩旁边欣赏风景，但是意外发生了，你不小心跌落河滩，脚腕火辣辣的，想要站起来却站不起来了。李文绫在一旁急得直哭，不知所措。这时有个男孩出现了，看到你疼痛不止的样子停下了脚步对你说：

"可能是骨头断了，你可别动。"

接着他去河滩旁捡了几根细木板，把自己的衣服撕成布条，把你的腿用布包扎好。他满头大汗地对你说：

"这样应该能走了。你家在哪里？我送你回去。"

你告诉了他你家的住址，男孩带着你一瘸一拐地回了家。李文绫在后面跟着，一副不知所措忐忑不安的模样。当你们到家之后果然奶奶已经回家了，看到你这个情形，就询问起李文绫来。李文绫支支吾吾把来龙去脉都说给了奶奶听，奶奶当即就脸色大变，眼看就要责骂李文绫。你不忍心看着李文绫因为你的错误受罪，对奶奶大喊道：

"都是我叫李文绫带我出去的，奶奶你要罚就罚我！"

等风波平息过后，你才发现送你回来的那个男孩早已经离开了，你甚至连他的名字叫什么都不知道。

你按照约定，把荷包给了李文绫。但是每逢夜晚，你心里总是会出现这个男孩的身影，出现他给你包扎时，认真的侧脸。

出了这个意外之后，家里对你的管控越来越严厉，李文绫也只能到你家来找你玩。她会跟你说她丰富的生活，怎么在绸缎庄应付客人，怎么监控货物的质量，以及最近又去哪儿玩了。

你非常羡慕她，但是由于家里管控实在太严，你也只能听听而已。终于有一次，听说有个西洋画展要在你家附近举办，于是你求了奶奶好久，告诉奶奶要去西洋画展上找刺绣的灵感，并且有李文绫作伴，奶奶才终于肯放你出门，于是你们相约一同前去。

在去到画展的时候，你惊呆了，里面展示的东西，完全和你印象中的色彩不同，更加的艳丽夺目，你甚至会想，如果把这些颜色用在刺绣上，那一定是对所有相关行业的一次革新。你也发现在这个画展上年轻人很多，在一幅油画前还有两个人驻足。你们互相介绍了自己，这两个男孩一个是宏庆泰纱缎庄的公子夏宗卿，你发现他眉宇之间长得极像以前送你回家的男孩。一个是机壳作坊家的儿子史仲铭。他们三人在画前聊起了自己的见解，而你因为第一次见到这么多的异性，有些慌张，不知道该说什么。尤其是夏宗卿对这种艺术是赞不绝口，说了很多关于油画的知识，结合油画的色彩和刺绣的应用聊起了自己的看法。你发现这个男孩才能学识远胜过你，不禁对他崇拜起来。你的姐妹李文绫也对油画发表了自己的看法，史仲铭则表示看不太懂这样的玩意儿，但你发现在夏宗卿侃侃而谈的时候，史仲铭总是有意无意打断他。而你则对自己的刺绣灵感产生了怀疑，原来这个世界上还有很多东西是你没有接触到的，你开始后悔为什么自己每天都要待在自己的闺房里面。李文绫明明也是女生，见识也比你多得不是一点半点。想到这里你更加自卑了，直到画展结束，你也没有插上话。

随着时间慢慢度过，你出落成一个亭亭玉立的大姑娘。母亲还偷偷告诉你，其实已经在你小时候安排好了娃娃亲，你只要安心在家便是。可是你非常反对你母亲的这个决定，在你心里一直住着一个人，是别人无法替代的。

你在自己的刺绣上也越来越多地尝试使用上次在油画展上获得的灵感，但是每次你拿出这样的作品，都被你奶奶嗤之以鼻。

你每次都强忍着眼泪，想到那个在画展上结合刺绣和油画侃侃而谈的男孩，如果这个时候有他帮你说句话那该多好。你渐渐清楚了自己想要的生活，你一直想要的，并不是每天被锁在深闺大院里，你也想和男孩还有李文绫一样，多看看外面的世界。

这样的想法越发强烈，以至于你在刺绣传统图案的时候总是心不在焉。你收藏了很多自己绣的，并不被奶奶看好的刺绣，放在了自己的床底下，或许有一天，你再见到了那个男孩，他会夸你绣得好也说不一定。

在今年夏至的早晨，母亲早早已经在屋内等候，告诉你今天全丝绸行业的人，都要去父亲的老朋友经营的宏庆泰纱缎庄，纱缎庄老板有要事要宣布。他儿子从国外回来，正好一起接风洗尘。史仲铭正巧在你家修理织机，他也会偶尔跟你聊上几句。你的朋友李文绫也跟着一起去凑热闹，你回头看向那个已经出落得亭亭玉立的大姑娘，却发现她的眼睛一直盯着史仲铭。就这样你们出发了。

你们来到了纱缎庄，门口一面金灿灿的牌匾写着"宏庆泰"。在你们落座后不久，宏庆泰的织工前来报告，少爷已经回来了。于是你们出门迎接，在见到他的一瞬间，你蒙了，大脑一片空白。这是你珍藏在内心深处的身影，夏宗卿。

宏庆泰的庄主见大家都来齐了，便招呼大家都坐下。

史仲铭

你叫史仲铭，今年22岁，出生于苏州，家里在皮市街经营着一家名为史记机壳作的作坊。你的母亲是四川人，远嫁来到苏州。在你小的时候，你家的男性都做着机壳工的营生。所谓"机壳工"，就是在苏州这个偌大的丝绸行业里，专门制作传统手工丝织机和所需要各种零配件的人。

你记得小时候家里过得非常清贫，你的父亲总是沾着一身灰尘和木屑，含辛茹苦地把你和你的哥哥史伯君拉扯大。你与哥哥从小就非常地懂事，大概在 8 岁的时候，你就能帮助父亲处理一些杂活了。有时看到父亲指腹厚厚的茧子和好了又裂开的伤口，哥哥总是很难过，欲哭又止的样子。而你的父亲则每次都故作轻松地安慰你哥哥，说的也都是那一句话：

"娃儿，你哭啥，爹在做这个世界上最复杂的织机，这都有家里每个人的一份功劳呢。"

每次父亲拿着他的工具出门，回来总给你和你的哥哥带回来一些好玩的小玩意儿，有时候是拨浪鼓，有时候是老虎帽。虽然忙碌，但也让你们的童年充满乐趣。久而久之你也就认定了，父亲做的织机，一定是这天底下最好的东西，要不然怎么会这么多人会来找你父亲呢？

你和你的哥哥深知穷人孩子早当家的道理，但是父亲越来越少让你们参与他的工作。父亲教导你们要好好读书，以后得用知识来赚钱。虽然年少的你并不理解，明明用手艺就能换来很多东西，为什么还要读书？好在你与你的哥哥学习的天赋并不低。每每受到老师的夸奖，你和你哥哥便会回家告诉父亲，而父亲的脸上也会出现笑容。为了让父亲每天都开心，你与哥哥更是发奋图强努力念书。

你和你的哥哥渐渐长大。有一天哥哥找到父亲，想要单独和他聊一些事情。你因为好奇，在父亲关门后便趴在门口偷听。只听你父亲说道：

"我们家的情况你也知道，这学费我们家负担不起啊。"

"爹，你一直说机壳工也是丝绸行业不可或缺的一步，但是做了这么多年了，连苏州都没有走出去，儿子想让我们家做的织机有更大的发展。"

"爹知道了，你好好念书，爹会想办法的。"

你并不知道他们具体在谈论的是什么。但是从此以后，你们家的生活好像越来越窘迫了，父母解释说是为了攒钱，生活上很是节省，原本不丰盛的餐食愈发简单，你的书包缝缝补补已经3年没有换新的了。你也实在没想明白为什么要攒钱。直到你哥哥到了上大学的年纪，你才知道事情的原委。你记得你父亲从一个盒子里拿出一个纸包，里面满满当当都是钞票，交到了你的哥哥手上，而你哥哥双膝跪地，重重地给你父亲磕了一个响头。临走前哥哥对你说：

"弟，爹娘就托付给你照顾了，哥以后一定要让我们家过上好日子。"

后来你从母亲口中得知，哥哥是去法国留洋了，具体为什么留洋，你和父亲都不是很清楚。大概是哥哥的理想吧。哥哥当年的话一字一句刻在你的心上，说是要让自家的织机走遍全国，要让全家过上好日子。

你在念完私塾过后就没有再上学了，转而帮助你的父母分摊家里的工作，你父母也把他们所有的技术毫无保留地传给你。你越学，越觉得机壳行业里面学问博大精深，有时候只要更换一个小小的零件，就可以完全改变一个织机织出来的成品。你学习得很快，不久之后就能帮家里处理绝大多数的活了。你的手艺和勤快被周边的人称赞，老客户也越来越认可你的手艺了。

有一天，有个西洋画展正巧在你家附近举办，于是你告知了父母，希望自己能参加这个西洋画展，顺便开拓一下眼界。当你到了那里，你发现这些东西你根本就看不懂，有些画你甚至不知道画的是个什么东西。你也发现在这个画展上年轻人很多，在一幅油画前面有一男孩驻足，穿着比较贵气。你便上前，表现出也很喜欢这幅画。你们互相介绍了自己，原来男孩是宏庆泰纱缎庄的公子夏宗卿。不一会儿，又过来两位女孩，一个是云华绣庄的千金沈初，一个是宝丰绸缎店店主的女儿李文绫。尤其是那个沈初，寡言少语，长得犹如出水芙蓉，你仅看上一眼，眼睛就移不开了。你们三人在画前聊起了自己的见解，尤其夏宗卿对这种艺术是赞不绝口，说了很多关于油画的知识，还大胆畅想油画艺术和刺绣结合，李文绫也对油画和面料的联系说出了自己的见解，倒是沈初，全程没怎么说过话，一直用崇拜的眼神看着夏宗卿。你看着自己一见钟情的女孩的目光被夏宗卿吸引了去，于是就在夏宗卿侃侃而谈的时候，故意插嘴打断他说话。你也没想到这一次在画展能遇到这么多同行业的人，于是也说了许多。你发现这个行业真是人才辈出，尤其是那个叫夏宗卿的，提出的知识和理念是你以前从来没有想过的。

回到家里，你又仔细想了一下夏宗卿说的话，其中有一句令你非常在意。夏宗卿当时说，无论是纱缎庄还是绣庄、绸缎店，或者是其他行业，如果一味故步自封不思进取的话，只会让这个行业衰落。你越想越觉得有道理，父母辛辛苦苦一辈子，每天起早贪黑，最终还是没能让家里过上好日子。于是你找了一天，登门拜访了夏宗卿少爷。你们相互交流，越交流，你越发现这个人才能学识远在你之上，而且他为人谦逊，那天画展你以为他是故意在女孩面前展露自己，看来也是错怪他了。不过想到沈初看他崇拜的眼神，你心里还是多少有点不舒服。

你们的交流越来越多，渐渐成了好朋友。他对你做的织机非常感兴趣，你也找到了一个你比他厉害的地方。有一日夏宗卿告知你他要去海外留学，有那么一瞬间，你还是挺舍不得这个朋友出远门的。

但是令你奇怪的是，自从那次画展之后，那个李文绫倒是能够偶尔见到，沈初却是像消失了一般。你询问李文绫沈初的情况，李文绫告诉你，沈初是真正的大家闺秀，家规严格，几乎不出闺房。这令你觉得可惜，在你眼里，没有自由的人就和被关在笼子里的鸟一样。而你更觉得可惜的是，这辈子不知道能不能再碰到你的心上人了。

在今年的夏至，父亲太忙走不开，告知你替他去趟云华绣庄做工，结束后再代表他去趟宏庆泰，纱缎庄老爷有事商议。你内心窃喜，去云华绣庄，就能见着沈初啦！所以在云华绣庄修理织机的时候，你总是找机会跟沈初聊天，因为在油画展见过一面，也不算陌生，沈初也是乐意聊天的。修好织机后，发现她母亲早早已经在大堂等候，告知沈初今天要去一个纱缎庄，纱缎庄老板有事要商讨，正巧他儿子也从国外回来，顺便接风洗尘，沈初的好友李文绫也跟着一起去。你表示正巧也要去宏庆泰，可以同行，而李文绫的凌厉眼神令你感到浑身不自在。

你们来到了沈初母亲口中的纱缎庄，门口一面金灿灿的牌匾写着"宏庆泰"。在你们落座后不久，宏庆泰的织工前来向纱缎庄老爷报告，少爷已经回来了，于是你们出门迎接。在见到所谓少爷的一瞬间，你明显看到沈初愣神了。

纱缎庄老爷见大家都来齐了，便招呼大家都坐下。

李文绫

你叫李文绫，今年 23 岁，出生在江苏苏州。你从小便没有母亲，由你的父亲拉扯大。你的家庭从太爷爷辈就开着一间绸缎店，名为"宝丰"，坐落在阊门附近。

直到你爷爷这一辈，宝丰还是一家很小的店铺，也只不过是方便邻里乡亲来买办些布料。但是不知从何起，有一个叫"宏庆泰"的纱缎庄老板来找到你的父亲商量了一些事情，你也不知道这"宏庆泰"是什么来头，只知道之后你父亲越来越忙，家里吃的用的也越来越好。你奇怪的是这么多绸缎丝绸做成衣服，就是让全苏州的人每人都穿上一件，那也是顶顶够用。但是父亲总是忙不过来，给你的陪伴也越来越少了。

和其他女孩子不同，从小你的父亲就把你当男孩养。其他人家的闺女都是大门不出二门不迈，但你父亲从小就没怎么管过你这方面的事情。你和其他男孩子一样，空着的时候也会出去玩，男孩子会玩的东西你一个也没落下。父亲时常教你为家里做些活，偶尔也让你接待来到绸缎庄的客人，所以你从小就显得八面玲珑。

你儿时的邻居是家小机户，织成的绸缎一部分也会交给你家售卖。他们家有个儿子，名为余根生，你的父亲和他的父亲可谓都是性情中人，除了生意往来，还时常一起打麻将，一起喝酒。你和他也自然成了青梅竹马。好在你俩的父亲都没有那么严厉，更给了你们两个小孩子一起玩儿的时间。你们一会儿上街买些稀奇古怪的玩意儿，一会儿去不远处的土坡躺在上面看星星，两小无猜的你们度过了非常愉快的童年。你一直有一种感觉，感觉他在你的心里有着举足轻重的地位，但是你年纪小，也不知道内心的感觉究竟为何。但只要和余根生在一起玩，你就特别开心，特别自在。两年后，随着你们家搬进了大宅子，你们俩的父亲交集突然变少了，父亲也不会带你去余根生家里玩了，你就趁出门的时候，去余根生的家，偷偷找他玩。

你比较懂事，从小就在绸缎店和客人打交道的你，在父亲忙于收购绸缎的时候，也能帮忙看着这一间小小的铺子。你还记得第一天你一个人在店里的时候，有个客人来买绸缎，东摸摸西看看，说你这绸缎这不好那不好，而你又不明白绸缎里面的门路，只能任由这个客人打压，最后在议价中处于劣势，便宜卖给了人家。父亲回到家，看到有一匹绸缎不见了，询问你是否卖了。你支支吾吾地告诉父亲实情，没想到父亲竟然对你大发雷霆，大喊道：

"你闯祸了！这批布明天要交付给其他客人，现在缺了一匹该如何是好？"

你也没想到自己会闯下大祸，一个劲地掉眼泪。你父亲穿上了大衣又出了门，一夜未归。到后来你才知道，你父亲借了一辆自行车，从苏州城内骑车骑到宏庆泰，求了一匹相同质量的绸缎回来，最后回到家的时候天已经大亮，父亲心力交瘁地摔在了家门口。在你心里，这一切都是你害的，不仅卖掉了重要的货物，在价格交涉上也落入下风。你暗自发誓，以后绝对不允许这种情况发生了。

由于父亲身体抱恙，便画了张地图，让你的丫头把货送到客人那儿。

你苦苦等到了傍晚时分，丫头回来了，同行的竟然是余根生。听余根生说是丫头送布时候迷路，为了防止她再迷路就索性把人送了回来。你对余根生的好感大增。

往后送布给客人的时候，你总是偷偷摸摸地自己去送。你一直期盼着，什么时候能再遇上余根生。有一次你特地赶在和上次一样的傍晚时分去，正好遇到了他下工，你们聊了起来，越聊越开心。从那以后，你每天都期待能够与他见面。

陪伴你童年的还有一个人，她叫沈初，父亲是苏州商会的副会长，母亲沈林氏经营着苏州最负盛名的百花染坊，而她自己则跟着奶奶住在云华绣庄。有次客人要订制一些绣片，你就随父亲来到云华绣庄，这位千金小姐比你小3岁，是标准的大家闺秀，和你不同的是，她几乎大门不出二门不迈，一心在家跟着奶奶刺绣，凭你从小在绸缎店练就的眼力，你知道她的刺绣作品，的确都是一等一的。你和她也渐渐熟络起来，她非常喜欢听你讲外面的故事，你也很乐于有这么一个好朋友。但你从她的眼睛里可以看得出来，她就像一只被关在笼子里的鸟，总是缺少一些生气。

正巧有一天晴空万里，你找到了沈初，说什么也要带她出去玩。她犹豫再三，还是不好意思拒绝你，并表示要送给你一个物件，便从兜里掏出了一个荷包，你定睛看着那个荷包，上面绣的梅花栩栩如生，比之前沈初给你展示的刺绣作品还要好。沈初也告诉你，这是她绣过最满意的一个作品，平时都舍不得戴，收在柜子里避免粘上灰尘。

"谢谢你今天带我出去玩,我把这个送给你。"

"你说的当真?"

"肯定当真。"

"太好了!今天我们一定要玩得尽兴。"

就这样,你第一次带着沈初出了家门,你也发现了她眼睛里的光。你们准备在一个河滩旁边欣赏风景,但是意外发生了,沈初不小心跌落河滩,想要站起来却站不起来了。你在一旁急得直哭,手足无措。这时有个男孩出现了,看到沈初疼痛不止的样子停下了脚步对她说:

"可能是骨头断了,你可别动。"

接着他去河滩旁捡了几根细木板,把自己的衣服撕成布条,把细木板绑在沈初的腿上固定好,再用布包扎好。他满头大汗地对沈初说:

"这样应该能走了。你家在哪里?我送你回去。"

男孩带着沈初一瘸一拐地回了绣庄,你在后面跟着,一副不知所措忐忑不安的模样。当你们到家之后,果然沈初奶奶已经回家了,看到沈初这个情形,就询问起你来。你支支吾吾把来龙去脉都说给了沈初奶奶听,沈奶奶当即就脸色大变,眼看就要责骂你,沈初不忍心看着你因为她受责罚,对奶奶大喊道:

"都是我叫李文绫带我出去的,奶奶你要罚就罚我!"

等风波平息过后,你才发现送你们回来的那个男孩,早已经离开了,你甚至连他的名字叫什么都不知道。

你也认定了,沈初这个人是真心把你当姐妹看待的。

之后的日子平淡且充实,你只要一有空,就去找沈初。但是因为上次发生的事情,家里对沈初的管教是越来越严了。

你和余根生,久而久之你们也培养出了深厚的感情。而且你觉得余根生这个人,虽然憨憨的,但的确是个负责任的好男人。

平时联络的信件也渐渐变成情书。在一个夜晚，明月之下你们定情，只是这个秘密你从来没有告诉过任何人。

余根生告诉你，等到有条件能结婚了，就找一个吉日，上门提亲，以后踏踏实实过一辈子。你把头依偎在他的怀里，害羞地点了点头。

有一天，正巧有个西洋画展在你家附近举办，于是你告知了父亲，希望自己能参加这个西洋画展，顺便开拓一下眼界。沈初在知道这个消息后，也不知用了什么办法获得了奶奶的同意。到了画展，你惊呆了，里面展示的东西，完全和你印象中的色彩不同，它们更加的艳丽夺目，你甚至会想，如果把这些颜色用在绸缎上，那一定是对所有丝绸相关行业的一次革新。你也发现在这个画展上年轻人很多，在一幅油画前面有两个男孩驻足。你们互相介绍了自己，这两个男孩一个是宏庆泰纱缎庄的公子夏宗卿，一个是机壳作坊家的儿子史仲铭。你们三人在画前聊起了自己的见解，尤其夏宗卿对这种艺术是赞不绝口，说了很多关于油画的知识。同时你也发现夏宗卿就是当年救沈初的男孩子。你也结合油画的色彩和布料的应用聊起了自己的看法，史仲铭则表示看不太懂这样的玩意儿，但你发现在夏宗卿侃侃而谈的时候，史仲铭总是有意无意地打断他。倒是沈初，全程没怎么说过话，一直偷偷地用崇拜的眼神看着夏宗卿。你发现这个行业真是人才辈出，尤其是那个叫夏宗卿的，提出的知识和理念是你以前从来没有接触过的。

在此之后，那个叫史仲铭的人一直打听沈初的消息，你从他的眼神里可以看得出来，这个人是喜欢上沈初了。沈初虽然沉默不语，但你可以猜到她心里一直装着的是当初帮她包扎救急的男孩，于是便对史仲铭闭口不谈。但是这个人不依不饶，把你惹烦了，你就说沈初是大家闺秀，一般见不到。这句话有一半真一半假，大家闺秀是没错，其实机壳工要进绣庄也不是一件难事。而你认为你姐妹的幸福，怎么可以交到这个感觉不怎么样的男人手里。

转眼间4年过去了，今年的夏至前一天，你父亲告知你夏至当天需要去宏庆泰，纱缎庄老爷有要事要宣布。你早早就起床了，穿上了你觉得最好看的衣裳。刚准备出门的时候，你遇到了你的父亲，他过来告知你，今天本要跟你一起去趟宏庆泰，百花染坊的老板娘和她的女儿也去，但自己临时有事，只能托付你一人前往。宏庆泰庄主的少当家从国外回来，正好一起为他接风洗尘。一听到宏庆泰的名字，你脑海中就出现余根生的身影，说起来余根生一直说要找个吉日提亲，但是过了这么多年了，还没见他有任何动作，你心中难免有点失望。

终于到了夏至的早晨，你先到沈初家，意外的是也见到了史仲铭，这家伙是来死缠烂打的吗？你气不打一处来，恶狠狠地瞪了他一眼。你们在宏庆泰落座后不久，余根生便前来汇报，说少爷回来了。你本想出门一起迎接，却发现沈初的眼睛比你还快，早一步就望向门口，宏庆泰少爷提着两个箱子风尘仆仆地走进了家门。

宏庆泰的主人见大家都来齐了，便招呼大家都坐下。

余根生

你叫余根生，今年25岁，江苏苏州人，家住仓街。你的父母是两名普通的织工。吴地以蚕桑丝织产业而闻名，自从绫罗绸缎开始运往全国各地，每一个苏州人都想靠着丝绸发一笔财，你父母也不例外。你家早年间是苏州织造下属的机户，随着苏州丝绸产业的兴盛，你父母将上半辈子赚来的钱全部投入其中，想着做一家独大的纱缎庄。可是你父母虽然有过硬的技术，却并没有经商的头脑，而看上这块香饽饽的聪明人也不在少数，他们很快就被其他纱缎庄压上一头。这宏庆泰便是压垮你父母纱缎庄最主要的对手。宏庆泰的祖上据说早年间也是个机户，把所有身家投入纱缎庄，特别是夏伯祥接手后，便展现出了他的经商头脑，几乎垄断了苏州当时所有的绸缎出账。你父母在宏庆泰的压力之下，收益是一天不如一天，到底还是亏空了所有的家底，从现卖机户成为受雇佣的职工。虽然你父母辈在残酷的商业斗争中落败，但是他们还依旧保留着能开一个纱缎庄的梦想。你记得你小的时候，母亲抱着你，在日渐破落的屋子里对你说：

"儿啊，爹娘是没什么希望了，以后我的儿有出息，就要开全国知名的纱缎庄。"

你父母为了达成他们的梦想，从很小的时候就教你丝织技艺，你从12岁开始就能掌握一手掏、打、渠、捶的好手艺了。在你放学回家后的所有时间，小朋友们都是在玩游戏，只有你与织梭为伴，跟他们显得格格不入，而且你没事就喜欢围绕在其他织工身边研究他们是怎么织布的。你只知道父母告诉你，唯有掌握一门手艺，才能有饱饭吃；以后自己开了纱缎庄，你才能懂得里面的门路。

你父母平时忙于生计，虽然日子过得不富裕，但是总是尽量抽时间多陪伴你。你对父母也非常尊重，他们没有给你最好的生活，但是把自己会的所有技能都教给了你，让你有一技之长傍身。

你犹记得家里还过得去的时候，你的父亲和隔壁邻居——在阊门开绸缎店的老板性情相投，除了经常请他帮忙销货外，还时常一起打麻将，一起喝酒，所以他的女儿李文绫也会一直出现在你的家里。你和她自然青梅竹马，而且你俩的父亲都没有那么严厉，会给两个小孩子一起玩儿的空间。你们一会儿上街买些稀奇古怪的玩意儿，一会儿去不远处的土坡躺在上面看星星，两小无猜的你们度过了非常愉快的童年。但是自从你父亲做生意失败之后，隔壁过来串门的次数也越来越少，但是好在李文绫有时还会敲响你家的门，约你聊上那么几句。

有一天你父亲突发身体不适，倒在了织机的前面，而隔天就有一笔大单子要交，收匹料的客人找到了你的父亲，脸上满是焦急，母亲只能在旁边偷偷地抹眼泪。你父亲硬是要从床上爬起来继续做工，你看不得父亲这般，便站了出来，对客人说道：

"我来代我父亲织！"

"你这小屁孩，不要瞎捣乱。"

你脱下了身上的衣服，扔到客人的手上对他说：

"这布料就是我织的，你看看我有没有资格。"

客人摸了摸你织的布，脸上的表情不可思议，回头对你的父亲说了一句：

"你有一个好儿子。"

于是你被介绍给了宏庆泰纱缎庄，成为最年轻的织工。你没有想到的是，宏庆泰的要求和你在家学习的完全不一样，不仅要求织得没有瑕疵，还得有足够的效率，这一天下来，你的手都被磨出了血泡，而织的布仅仅被母亲评价为"勉强可以用"。你多次想要放弃，但是想到了躺在病床上的父亲，你咬牙坚持了下来。在下工的一瞬间，你甚至感觉自己要晕了过去。出门透口气放松一下，回去的时候竟然没发现自己走错了回家的路。你看到路边有个小女孩抱着一沓布在路中央左顾右盼，一脸着急，于是便上去问道：

"我看你在这里转悠了好久了，是迷路了吗？"

"您好……我在找一个叫'大儒巷'的地方。"

"我带你过去吧，我正好熟悉。"

途中，闲谈之下你知悉她竟然是宝丰绸缎店的下人。你怕她回去的时候还是迷路，便把她送回宝丰。虽说宝丰绸缎店不大，但是比起你家可是好太多了。你在介绍了来龙去脉之后，正准备离去，却惊讶地发现墙角站着儿时的玩伴李文绫。

之后的日子，你工作得越来越熟练，其他的织工都对你的手艺连连夸赞，说你的技艺已然不输给那些老织工。你也发现，偶尔去绸缎店交货的时候，总有一双眼睛在默默地关注着你。有一次傍晚时分你正好下工，在回家的路上与李文绫偶遇，就聊了起来。你们聊天南聊海北，你本来有些枯燥乏味的生活变得多彩。从那以后，你每天都期待能够与她见面。

你会在下工之后与她坐在河边，分享一天的趣事，而她则会在旁微笑地听着你说。你在月光下转头看向她，恰巧她也转头看向你，这时你才发现，她长得真漂亮。随着年龄的不断增大，你发现你的生活越来越缺少不了她，有时候长时间不见她，你还会担心她。你也逐渐明白自己是喜欢上这个姑娘了。可是你不知道怎么开口跟李文绫表达，于是把自己的心意寄予书信。不久你收到了李文绫的回信，原来她跟你的心意相通。

又是一夜月下，你和李文绫依旧坐在河边，你鼓起勇气对她说：

"等我们都长大了，找个吉日，我来提亲，我娶你为妻，三媒六聘一样不少。"

你说这话的时候底气十足，因为你的出色表现，庄里给的工钱的确不少。

女孩轻轻地点了点头，你也情不自禁地牵了她的手，那一年，你19岁，她16岁。

但是事情没有你想象得这么顺利，从某一时间开始，你发现自己领到的工钱变少了。你向周围工友打听了一圈，发现不仅仅是你，所有人的工钱好像都缩水了大半。而且平时要干的活似乎比之前更多了，你的工头直接找到了雇主，却被雇主告知现在不想干的可以立马不干。

于是你的很多工友都气不过离开了纱缎庄，而他们的工作也自然而然压在了你们的身上。你心里真正担心的是，要是一直是这个情况，那你答应李文绫的三媒六聘，不知要到何时才能实现。

因为工作量的增大，你与李文绫的交集越来越少，虽然她每次都会来找你，但是有时你们只是草草地说几句话，你便会又继续投入工作中。好在雇主改变了发工钱的政策，改为按工发钱，这让你看到了一丝希望，你更加没日没夜地做工，为的就是凑够钱，完成你与李文绫的承诺。

就这样又过了几年，其间李文绫也问过你什么时候把他娶进门，但是你总说还不是吉日。李文绫特别理解人，听你这么说也就没有多问。马上就要过年了，你回家数了数存下来的钱，已经非常可观了。你打算明年开春，向李文绫提亲，光明正大地把她娶进门。

今年夏至的早晨，你被纱缎庄老板夏伯祥叫去帮忙，却被李文绫告知今天很多相关从业人员都会去宏庆泰。到了宏庆泰之后你惊讶地发现，几乎全苏州做这行有头有脸的人物几乎都在。不多久门外响起了敲门声，你看他们正在畅聊，便出去开了门，正是纱缎庄少爷，你便进去通报了老爷，老爷大喊一声"我儿回来了"便准备出门迎接，少爷拎着行李入了家门。

老爷招呼大家在大堂坐下，而你安排好他们之后，原地等候吩咐。

沈林氏

"我想让我们家染的丝走向全国。"

你叫沈林氏，今年 38 岁。你依稀记得从记事开始，家里就挂着一面金灿灿的牌匾，上面写着"水天一色"。据你太爷爷所说，当时供给宫里的绸缎，用的都是你家染的丝，慈禧太后也颇为赏识，说出了那句改变你家族的话语：

"这紫色染得真别致，有赏。"

你家世世代代都做着染丝的手艺。那个时期，经丝染坊染的是丝，还是半成品，所以消费者不会直接购买。其中染坊配色是很重要的技艺，不外传。民国以前，江苏丝织物中之精品为封建皇室贵族和官僚享用，习用先染后织的熟织绸缎，至于先织后（练）染的生织绸缎，因其色谱单调不鲜艳而少用。因此，专事绸缎练染的染坊远不及丝经染坊发达。染坊给纱缎庄、绣庄处理丝线，在晚清具有非常大的产业规模，但民国初期受冲击也最大。

百花染坊坐落在虎丘，自从你家染丝技艺出了名，这个染坊更是在苏州这个小小的地方打响了金字招牌，苏州府的各路达官显贵都要攀上这一层关系，你家从此飞黄腾达。犹记得那时候你还被抱在太爷爷的手里，你询问太爷爷，为什么你们家里会比别人家大那么多，太爷爷一边笑着一边对你说：

"咱家染丝的技艺，都是太爷爷一辈子的心血。逢巧咱家主子喜欢，咱家主子一喜欢，大家也都喜欢。囡啊，以后要跟着太爷爷学染丝否？"

"老太公，囡囡以后也要和老太公一样，赚很多很多的钱。"

"戆小孩，做出来的东西别人欢喜就可以啦。"

可是清政府最终还是垮了台，虽再也没有皇宫，但是百花染坊的名字早就响彻了全国各地。太爷爷在不久后功成身退，百年后牌位被放在祠堂正中。

你父亲坚守家族产业40余载，身体终究还是撑不住了。本来依靠你父亲的手腕，管得手下那是一个服帖。但自从你父亲身体抱恙，手下人的工作多少有些懈怠。父亲这些年的辛苦你都看在眼里，你更不愿自己家的百年招牌就此毁掉。于是回去后你主动向父亲请缨，要求自己接手染坊的事宜，却被父亲严厉地拒绝了。父亲表示女孩子就要有女孩子的样子，安心相夫教子即可。但是你不依不饶，父亲也拗不过你，便先让你去学习染丝的方法，如果能染出让父亲满意的作品，父亲则会重新考虑。

虽然这些年你在染坊耳濡目染，但真要上手也不是这么简单，有很多地方都碰了壁。你是个女孩子，大多数时候是研究色彩的搭配，但是要在丝线上展现理想的色彩，总觉得少了那么一些味道。

有一年夏至，天气晴好，你在家中晒书，正巧看到有个男孩来到你家送待染的土丝。你在闺房留心倾听，得知来的男孩叫夏伯祥，是一个中等纱缎庄的人。他正好要等上一批货，看见你在晒书，就和你有一句没一句地聊了起来，没想到越聊越投机。你从夏伯祥眼中看到了他望向远处的眼神，渐渐地你们谈起了人生谈起了理想：

"夏伯祥，你以后想做什么？"

"我啊，能接过我父亲的产业那是最好。你呢？"

"我想染出世界上最好看的颜色。"

"最好看的颜色，是什么样的？"

"其实我已经有想法了，我说给你听。"

说着你把你的想法告诉了夏伯祥，他听得非常认真。

但是之后夏伯祥就再也没有来过你们家，你依稀记得，当初你对这个颜色非常有自信，你觉得这是你心目中最完美的色彩。

通过你的不断努力，你也终于掌握了染丝的技巧，由父亲介绍，你与苏州商会副会长沈海结了婚。沈海的母亲是苏州最大的绣庄云华绣庄的当家，你们两家可谓是强强联合，在苏州这件事也算是轰动一时。开年你们俩便有了一个可爱的女儿，取名为沈初。由于你们夫妻俩都业务繁忙，为此你一心扑在工作上，将女儿委托给婆婆照料。而夏伯祥一家在不久后也搬了家，听说也娶妻生子了。在你的努力下，百花染坊的名声只涨不跌，你们染的丝绸甚至还出口至海外，苏州商会和上海商会也多次对你们进行表彰。

但是好景不长，由于日本人的介入，苏州商会的各大骨干逐渐被架空。日本人在对外出口的布料贸易上增加重税，导致你家商品利润不断被压缩。你的丈夫为了生存，不得不屈服于日本人。有一天你的丈夫找到你，与你商谈降低成本和工人工资的事情，表示为了生存只能放弃一些质量。对于你来说，你家的染坊就是你的命，要拿自己的声誉换取生存是一万个不愿意，但是看着逐渐长大的女儿，你的内心还是犹豫了。

令你更没想到的是，夏伯祥在这个时候找到了你家。原来他们家现在经营的纱缎庄也是越做越大，便遇到了和你一样的问题。于是想和你商量，以你家族的威望一起召集苏州所有干这行的人，商量对策。他对你说道：

"我们一起努力，负责好自己的领域，都以最好的品质来做，其他的我会想办法。"

"你一个机户，能想出什么办法？"

你们相对无言，过了许久夏伯祥又开了口：

"等我们孩子长大了，让他们做夫妻吧，让他们把丝绸行业发扬光大。"

"我回去商量一下吧！"

你们两人就这么坐着，良久无言。

令你没想到的是，夏伯祥的确是有本事，虽然被要求附加重税，但是销量和单价一点都没有减少。夏伯祥把大量的苏州绸缎出口到了朝鲜，带领你们也赚了个盆满钵满。你的丈夫因为与日本人对接，还负责数量庞大的丝绸订单，在工作上也如鱼得水。听说夏伯祥还要把儿子送到法国留学。你对国外的情况并不是特别了解，但是也希望他能学到一些新事物，对未来怀着一些期待。

  以后的日子过得简单但充实，随着你的年龄越来越大，你渐渐感觉到父亲当时的辛苦，让女儿能够学习一些新事物也是希望终有一日她能接你的班，守护好你家的这份荣耀。

  今年夏伯祥想着他的孩子和你女儿年纪也不小了，是时候兑现当年的承诺让他们联姻。今年夏至也是他儿子海外游学归来的日子。于是夏伯祥邀请了你们全家一起为孩子接风洗尘，但你丈夫因为工作的原因无法出席，就由你和女儿前去。

  终于，在夏至的早晨，你早早地来到了夏家的宏庆泰纱缎庄，女儿与她从小的玩伴李文绫同行，在场的还有一位你并不认识的人，但是看样子应该是夏家的织工。等待了一会儿，夏伯祥的儿子夏宗卿踏入了家门。

  夏伯祥见大家都来齐了，便招呼大家都进厅坐下。

第一幕：开始与互动

时代背景

古老的苏州城历经漫漫岁月，在明代中期以后凭借天时地利快速聚集起社会财富，渐成世人向往之地。明清年间，苏州丝绸生产规模居全国之冠，"桑柘遍野，人人习蚕"，"东北半城，万户机声"，蚕桑丝织文明遍布水道街巷，镌刻在苏州的城市基因里，代代相传。清朝晚期，苏州丝绸业一度由盛转衰。民国初年，实业界仁人志士挣扎图存，集资建厂，购置铁机，突破传统手工作坊式的纱缎庄产业模式，锐意革新，品质为先，向西方工商业引进设备，培养人才，学习先进技术和管理理念，引领苏州丝织行业走入轰轰烈烈的机械化生产时代。

第一幕小剧场

夏至，淡淡的丁香花的气息弥漫在空气里，透过树隙太阳洒下稀稀零零的阳光，柔和的光线散在整个盛夏里。时间好似定格，也是静静地停留在这个时光里。一切都那么恍惚。只见一个年轻人走进了宏庆泰的大门，中年模样的男子见来来往往宾客都来得差不多了，便招呼大家都坐下。

夏伯祥：（率先在主位坐下，摊手）各位不必拘谨，都落座吧。我先自己介绍一下，我的名字叫夏伯祥，是宏庆泰的当家，就和你们看到的一样，我家做点小生意小有成就，也是仰仗在座各位了。这次聚集你们过来是有一些要事宣布，但好像有些地方的当家事务繁忙未能出席，倒是派了些小辈出来，这样也正好。沈老板娘，就从你先开始介绍，也让这些小辈认识认识我们。

沈林氏：夏老板好，诸位好，我是沈林氏，在虎丘开了一家染坊叫百花染坊，家里祖祖辈辈都做着染丝的营生。我们做的呀，就是把本来单一的颜色，变成各种各样漂亮的颜色。不过能在苏州发展到现在，也仰仗夏老板和诸位了。

夏伯祥：（柔和的眼神）沈老板娘家里主做染坊生意，丈夫是苏州商会副会长，以后还得多多仰仗沈家。（转为长辈对小辈的语气）来，宗卿，到你了。

夏宗卿：我叫夏宗卿，是宏庆泰纱缎庄老板夏伯祥的儿子，父亲开设的纱缎庄作为整个丝绸行业的中转站，也仰仗各位的多多照顾。父亲将我送至外国留学，今天刚回来，还请各位多关照。

夏伯祥：（长辈对小辈的语气）我这犬子不才，说话笨拙，还请各位见谅。敝人几年前送这小子读过几年洋书，希望回来不要忘本才好。这两位女囡是哪户人家的小姐？

沈初：我……我叫沈初，现在在奶奶的云华绣庄学习刺绣，我没有什么见识，就只会做些针线活……

夏伯祥：（宠溺的眼神）原来是沈家的大小姐，和你妈妈真是一个模子里刻出来的。沈小姐刺绣手艺可是一等一的，不愧为名门的大家闺秀。（转为长辈对小辈的语气）宗卿，你也学着点。

李文绫：大家好，我叫李文绫，家里开绸缎店的，就是把布卖给客人啦。可能没有大家手艺那么好，但是说到和人打交道，那恐怕只有夏老板比得上我了，哈哈哈。

夏伯祥：（思考）姓李的？开绸缎店的？难道是阊门的宝丰？也难怪，我喊下人把这行最优秀的户主找来，这宝丰绸缎店的确有这个资格。这两位男囡是？

余根生：我叫余根生，做织工的，把丝做成布就是我的工作。我书读得少，都是干点体力活，谢谢夏老板和各位同行的照顾。

史仲铭：我叫史仲铭，家里在皮市街开了一家机壳作坊，叫"史记"。你们要是家里想置办织机或者其他的工具，可以来找我，史记机壳坊一定让大家满意。

夏伯祥：（审视的眼神）要说织工和机壳工，苏州好的也不少，喊你们两位来，也不知你们身上有多少本事。（正常说话）好了，既然大家都认识了，那我也就开门见山，说说这次喊你们来的目的。你们也能感觉得出来，最近几年生意是越来越不好做了，再这样下去，老祖宗传下来的东西要毁在我们这一代了。所以这次喊你们过来，是想联合这个行业优秀的人成立一个同业公会，自产自销，保证质量压低成本，保住老祖宗的东西。

沈林氏：我百花染坊染丝百余载，也断断不能让这门手艺绝了后。夏老，你要我们怎么做尽管说，我肯定支持到底。

史仲铭：依我看，现在也不是卖不出去，而是赚的钱少了，做的东西又少，搞得大家忙死忙活没挣到几个钱，不如增加人手把量提上去？

夏伯祥：（冷笑一声）哟，小小年纪口气还不小，你可知多做货就要多养人？

沈初：我认为应该把东西越做越好，这样不就能卖得更贵了？

夏伯祥：（宠溺的眼神）沈小姐啊，你这想法我也想过，但也不是每个人都和你一样有高超的手艺的。

余根生：让织户按件结算如何，这样给的工钱也不会多吧。

夏伯祥：（点点头）这倒是个好办法，但是怎么保证大家做出来的东西质量都一样呢？

李文绫：给到我们绸缎店统一质检，不合格的东西就直接扔掉。

夏伯祥：（苦笑）这样怕是会浪费更多了。（转为长辈对小辈的语气）宗卿，你有什么看法？

夏宗卿：我这几年在海外，看到了一些不得了的东西，那些外国人，都用机器织布，一台机器一个人能做十个人干的活，而且做出来的东西每件都一样，成色也不错。我这次回来就想把这个机器带到我们苏州，这样不就全部能解决了？

众人沉默（3秒）。

夏伯祥：（强压住怒火）你是说不让工人们干活，让机器来做？

夏宗卿：是的，这样工人们的工钱也不用发了，只要雇几个人看着机器就好。

夏伯祥：（摇头，咬牙切齿，手指着夏宗卿）逆子啊逆子，送你读了洋书，就读回来了这么个东西。那所有东西都机器做，你沈姨家里怎么办？绣庄那些绣娘怎么办？这全吴县千千万万的织工都出去喝西北风？人家沈小姐刺绣刺了十多年，你这一句话，把她这十多年的辛苦放在哪里？你说出这种话，实在是大逆不道，是要把这行业所有人都饿死！（小声说）本来还想让我家与沈家联姻，今天正好也把这个事情也谈妥了。（突然转大声）现在我有什么脸面向沈家提亲！

夏宗卿：爹，现在要与时俱进，你不能再顽固不化了。当务之急是提高产能，稳定质量，先拯救这个行业啊！

夏伯祥：（愤怒）滚！逆子！这里不需要你了。其他几位的想法都非常好，我们可以深入探讨。但说句老实话，沈家自不必说，但是我得确认一下你们其他几位的水平，如果有浑水摸鱼滥竽充数的人，那就别害了这个行业。（狠狠地盯着夏宗卿）我这庙小，容不下您这位菩萨！

史仲铭：夏老，您刚刚说与沈家联姻的事情，那您儿子？

夏伯祥：（失望）现在我儿子这般谬论，我自然也无脸面提及此事。

沈林氏：但小女的确也到了该成家的年龄，我沈家也不愿意把女儿嫁给无才之人。这样吧，夏老，今天还是得把这个事情办了，考验考验这些小辈，我也好好筛一筛，究竟在座哪位男孩（盯着夏宗卿）适合我们家小女。

夏伯祥：好了，针对现在丝绸行业的现状，大家要团结起来，联合这个行业优秀的人成立一个同业公会，共同致力于丝绸业的发展。之前我们几位老板也有这个想法，大伙本来想推荐我带领大家，但是我年纪也大了，很多时候力不从心，以后的世界是你们年轻人的世界，也该放手让你们去拼搏了。接下来我会对大家进行专业考核，希望你们拿出自己的实力，凭实力带领大家走出目前的窘境，发展我们的民族产业。

沈林氏：还有这种事？这可是很多人一辈子都求不来的机会。

夏伯祥：（无力）就这么办吧，待会儿我会把考题公布，限你们半个时辰，来我这儿一一回答。待会儿我去平江路的茶馆办点事，你们有答案了，就来找我。

沈林氏：（走到夏宗卿身旁，悄悄地）这机会可是给到你了，你可别把握不住啊。

第二幕：探索与学习

博物剧场：公共问题

1.《老苏州·百年旧影》画册上说"小巷深深深几许，走进去，可以从现在一直走到从前"，这句话说的是哪里？

2. 古代苏州丝绸最鼎盛的时期是什么时期？

3. 民国匹头 1 组是哪 3 家纱缎庄所生产的？

4. 清代机户的运营方式是什么？

5. 夏至，中国传统二十四节气之一，最显著的特点是什么？

博物馆剧场：个人问题

1. 夏至的日子刚好在江南哪一个特殊的气候阶段——自由选择询问任何一位玩家或非玩家（即夏伯祥）。

2. 云锦公所最初设立于哪里——询问夏宗卿。

3. 苏绣的艺术效果分为哪些——询问沈初。

4. 民国初年，机壳作坊中传统的木机是如何发展的——询问史仲铭。

5. 蓝地闪金彩寿菊库缎出自哪家——询问李文绫。

6. 通常所知的绫（斜纹组织）、纺（平纹组织）、绸（平纹或变化组织）、缎（缎纹组织）、绉（丝线加捻）、葛（平纹组织）、绡（平纹组织）、锦（重组织）均属于哪类织物——询问余根生。

7. 民国年间，染织设计的发展，出现专门的图案设计师，有何典型案例——询问沈林氏。

备注：夏伯祥主持，每位玩家回答对一道题，都可以获得相应分值，分值影响每位玩家的结局走向。除必须公开的线索外，所有线索玩家只可口述,不可直接展示给其他玩家,被询问者可以选择回答或不答。

加分点:人物交流中关键信息。

信息一:说出宏庆泰名称的由来。

信息二:夏伯祥与沈林氏的关系。

信息三:史伯君、史仲铭、夏宗卿三人关系。

第三幕：结局与升华

夏宗卿

最差结局：碌碌无为

你的理念先进，但是没有与之相配的知识准备。那些在苏州丝绸业摸爬滚打几十年的人自然不会采取你的意见，你的建议最终没有被采纳，沈家的绣球也没能抛到你家，最终你在自家纱缎庄处理一些无关紧要的工作，日子就这么平淡地过了下去。

生活结局：纺织革命

你用西洋带回来的理念，成功说服了在场的人，在大家的极力配合下，苏州第一家使用电力织机的丝织厂诞生了，产量和质量都能够保证，越来越多的人加入纺织革命中。夏宗卿这个名字，也深深地刻在了所有丝绸行业人的心中。

情感结局：青梅竹马（须与沈初共同形成情感结局）

沈家的绣球终于抛到了夏家，你们俩最终喜结连理，生育了一男一女，过上了幸福的生活。

喜结连理（须与沈初以外的女性玩家形成情感结局）

虽然沈家的绣球没能抛到夏家，但你找到了自己的真爱，你们俩最终喜结连理，生育了一男一女，过上了幸福的生活。

单人完美结局：威震江南

随着时间的推移，夏家的宏庆泰已经从苏州这个小地方走了出去，在全国纺织业也是赫赫有名，被称为江南纺织业的一颗明珠。夏宗卿这个名字，也真正成为丝绸产业的传奇。

双人完美结局：神雕侠侣（与沈初一同解锁，形成双人完美结局）

随着时间的推移，连外省的人都知道，夏家和沈家这一男一女强强联合，经营的绸缎和创新的绣种，其质量称霸了丝绸行业半个世纪，你们的积蓄让五代人吃穿不愁，你们两家成为真正的行业翘楚。

沈林氏

最差结局：一生劳碌

你万万没有想到，会在这里翻了跟头，最终你没能加入夏家为了拯救丝绸行业而创建的组织，你和夏伯祥的接触也越来越少，你只能随着自家染坊的衰落，平平淡淡地过了一生。

生活结局：水天一色

最终在大家的帮助下，你不但染出了你心目中最完美的颜色，并且大胆采用新技术，尝试在素织物上印染，你把这个创意投入生产中，很快获得了顾客们的一致好评，百花染坊这个招牌在你的手上正在继续发扬光大。

情感结局：青梅之约（须帮助夏宗生和沈初形成情感结局）

看着夏宗卿和沈初喜结连理，你不禁潸然泪下。年轻时的遗憾，最终还是得到了弥补，你心中的执念也终于放下了，没有什么比孩子们的幸福来得更重要。

单人完美结局：铿锵玫瑰

随着时间的推移，百花染坊在你的努力下成功转型，凭着你多年的染色经验和夫家商会的眼界，将染织设计独立出来，为全苏州乃至上海、杭州的丝织厂设计图案。你作为一个女人掌握如此规模的商业帝国，让一些男人也黯然失色，沈家的积蓄让五代人吃穿不愁，沈家成为真正的行业翘楚。

沈初

最差结局：家道中落

可惜的是，你没能如愿加入夏老板为了拯救丝绸行业而创建的组织，只得回到绣庄，日复一日，年复一年地刺绣，而随着时间的推移，你的灵感也越来越少，最终在日本人的打压下，云华绣庄越来越落魄，最终消失在了历史的洪流之中。

生活结局：描龙绣凤

你娴熟的苏绣技艺和对光影明暗的理解，得到了在场所有人的赏识，夏老板还把所有关于刺绣的业务全部交给你处理。有母亲的协助你自然可以安心，沈初这个名字，也成了刺绣业的金字招牌。你成立了刺绣专科学校，将苏绣针法代代相传。

情感结局：青梅竹马（须与夏宗卿共同形成情感结局）

沈家的绣球终于抛到了夏家，你们俩最终喜结连理，生育了一男一女，过上了幸福的生活。

精诚所至（须与史仲铭形成情感结局）

虽然沈家的绣球没能抛到夏家，史仲铭的坚持不懈打动了你，你们俩最终喜结连理，生育了一男一女，过上了幸福的生活。

喜结连理（须与夏宗卿以外的男性玩家共同形成情感结局）

虽然沈家的绣球没能抛到夏家，但你也找到了自己的真爱，你们俩最终喜结连理，生育了一男一女，过上了幸福的生活。

单人完美结局：神来之笔

随着时间的推移，你的刺绣技术在江南独此一档，你将刺绣技术与西洋画技术融合，创造出新的绣种。这种艺术风格在国际上大受欢迎，你终于踏出闺房走出国门，作品远销海内外。

双人完美结局：神雕侠侣（须与夏宗卿一同解锁，形成双人完美结局）

随着时间的推移，连外省的人都知道，夏家和沈家这一男一女强强联合，经营的绸缎和创新的绣种，其质量称霸了丝绸行业半个世纪，你们的积蓄让五代人吃穿不愁，你们两家成为真正的行业翘楚。

儿女双全（须与史仲铭形成完美结局）

随着时间的推移，你和史仲铭的日子也趋向平淡，但是老话说得好，腰缠万贯不如天伦之乐。你享受这份宁静和平和，平平淡淡才是真。

李文绫

最差结局：另谋生路

可惜的是，你没能如愿加入夏老板为了拯救丝绸行业而创建的组织。你从夏家出来之后，回到了自己的绸缎店，但是大环境都不景气，你家的绸缎店自然也没有以前的生意了。最终在整个丝绸行业都萧条的情况下，你家的绸缎店成了第一批倒下的绸缎店，你只得另谋他路。

生活结局：得闲一乐

在夏老板的鼎力支持下，你家的绸缎生意越做越红火，比起以前更是忙碌了许多，但你还是怀念能跑出去玩的日子。在生意踏上正轨的时候，你偶尔也会和小时候一样，去外面玩玩，找回一下年少时的快乐。

情感结局：十年之约（须与余根生共同形成情感结局）

余根生抛开任何因素向你提亲，你等了十年的那句话，终于是等到了。你们俩最终喜结连理，生育了一男一女，过上了幸福的生活。

喜结连理(须与余根生以外的男性玩家共同形成情感结局）

虽然最终你还是没能等到那句话，但是你也找到了自己的真爱。你们俩最终喜结连理，生育了一男一女，过上了幸福的生活。

单人完美结局：名满江南

随着时间的推移，你对织物的品种花色和销售渠道越来越有心得，宝丰绸缎店在你手上业务越做越大。外人曾评价"就没有在宝丰买不到的料子"，连外省人过来采购丝绸，第一家跑的绸缎店也一定是宝丰。你家丝绸缎庄的知名度响彻整个江南。

双人完美结局：完美搭档（须与余根生一同解锁，形成双人完美结局）

余根生在你的影响下，发现对外贸易是苏州丝绸产业最大的出路。你们二人一个管进货，一个跑销售，最终成为大型纱缎庄和绸缎店的当家人。你们两人的生活也着实令人羡慕。

余根生

最差结局：飞来横祸

可惜的是，你没能如愿加入夏老板为了拯救丝绸行业而创建的组织，回到了自己家里继续做着织工，而你等了十年，都不敢给李文绫一个承诺。你有时候一直在想这个事情，导致有一次织布的时候大意弄伤了手，休养了很久才恢复。而年轻一辈的织工早已迎头赶上，渐渐地你在织工行业也失去了竞争力，只能混口饭吃。

生活结局：匠心独具

你加入了夏老板所创建的组织，也在夏宗卿的理念下开拓了自己的眼界，最终你选择了支持夏宗卿，陪着夏宗卿开创了电力织机的革命，而你在纺织技术上的建议也让夏家十分重视，你成了苏州织工努力的目标。

情感结局：十年之约（须与李文绫共同形成情感结局）

你抛开任何因素向李文绫提亲，她等了十年的那句话，终于是等到了。你们俩最终喜结连理，生育了一男一女，过上了幸福的生活。

喜结连理（须与李文绫以外的女性玩家共同形成情感结局）

虽然最终你还是没能说出那句话，但是你也找到了自己的真爱。你们俩最终喜结连理，生育了一男一女，过上了幸福的生活。

单人完美结局：巧夺天工

随着时间的推移，纺织机械不断发展，品种花色不断创新，电力织机的时代你找到了发展的契机，与上海的买办建立长久的合作关系，将苏州丝绸远销海外。你完成了父母的心愿，开办了纱锻庄，在整个苏州都享有一定声誉。

双人完美结局：完美搭档（须与李文绫一同解锁，形成双人完美结局）

随着时间的推移，李文绫对织物的品种花色和销售渠道越来越有心得，宝丰绸缎店在她手上业务越做越大，外人曾评价"就没有在宝丰买不到的料子"，而你在她的影响下，发现对外贸易是苏州丝绸产业最大的出路。你们二人一个管进货，一个跑销售，最终你成为大型纱缎庄和绸缎店的二当家。

史仲铭

最差结局：另谋出路

可惜的是，你没能如愿加入夏老板为了拯救丝绸行业而创建的组织，回到了自己家里继续做着机壳工，但夏宗卿带来的理念让整个丝绸行业飞速发展，传统机壳工的生存空间也被压缩得越来越小，最终为了生活，你关闭了史记机壳作另谋他路。

生活结局：大步流星

你加入了夏老板所创建的组织，也在夏宗卿的理念下开拓了自己的眼界，最终你选择了支持夏宗卿，留洋学习新型织机的各种知识，陪着夏宗卿开创了电力织机的革命，成了会维修和制作电机的新时代机壳工。外人都称呼这个行业的人为机械师，你非常喜欢这个称呼。

情感结局：精诚所至（须与沈初形成情感结局）

虽然沈家的绣球没能抛到夏家，但你的坚持不懈还是打动了沈初，你们俩最终喜结连理，生育了一男一女，过上了幸福的生活。

喜结连理（须与沈初以外的女性玩家共同形成情感结局）

虽然你没能成功地打动沈初，但你也找到了自己的真爱，你们俩最终喜结连理，生育了一男一女，过上了幸福的生活。

单人完美结局：钢铁革命

随着时间的推移，你的手艺与夏宗卿的先进理念结合，你们几乎垄断了所有电气织机的制作与维修，你的家业也越来越大，史记机壳作也更名为史记铁工厂，在丝绸行业的革命里占据一席之地。

双人完美结局：儿女双全（须与沈初形成完美结局）

随着时间的推移，你和沈初的日子也趋向平淡，但是老话说得好，腰缠万贯不如天伦之乐。你享受这份宁静和平和，平平淡淡才是真。

夏伯祥

夏某在苏州从商三十余载，天不怕地不怕，就算这些日本人，加我的税，卡我的货，只要我们苏州人能团结起来，也肯定有办法能解决。今天见到的几个年轻人，虽不说是龙凤，但这颗救市之心，我夏某不得不佩服。

史仲铭，虽你家没能赶上时代，但我从你的眼睛里可以看出来，你有着别人都没有的韧劲，在灰尘与木屑之间生活了这么多年，委屈你了。我夏某从来都没觉得机壳工比我们做生意的低上一等，修织机更是我们做这行的顶天大事。史记机壳作在这个行业能够立足至今，一定是你家比其他家做得更好，你有骄傲的资本。如你愿意，夏某恳请你，与我一起拯救这行业。

李文绫，你父亲与我是故交，我当时极力劝阻他把你当男孩子养，认为女孩子就应该从三德四品，不宜抛头露面，现在想来是夏某狭隘了。你让我看到了新时代女性的可能性，女子也能顶半边天。宝丰绸缎店你也担了不少心思吧，回头我就去说说老李，闺女总归是闺女，担子也不能太重啊。要渡过这个难关，也离不开绸缎店，所以夏某恳请你，与我一起拯救这个行业。

余根生，织工这个行当，真的是体力活。每每见到织工们汗流浃背讨生活，夏某总是会觉得这个行业没有你们不行啊，你们才是这个行业最稳的地基，最粗大的顶梁柱。正是因为有你们这千千万万织工，才能做出不输任何地方的布，才能将苏州丝绸驰名海外。你不是喜欢李文绫么，回头我夏某就给老李说道说道，那你也卖夏某一个人情，恳请你帮助夏某，拯救这个行业。

沈初，你知道人这一辈最难的是什么吗？就是把一件事情做到极致。夏某不才，论这点我比不上你。你的刺绣是夏某见过最好的。这里面付出的心血，或许只有你自己知道吧。常人说女子无才便是德，但夏某不这么认为，你母亲也不这么认为，一辈子只做一件事，在我眼里即是大才。而你与我犬子的情缘，我做父亲的自然是鼎力支持。只是犬子不才，以后还请你多担待。夏某恳请你，助我一臂之力。

臭小子，为父自然知道你所说的道理，但为父有为父的坚持，这千百年的技艺，从来都是一针一线苦出来的，你要想颠覆，成功了，你当然了不起；要是失败了，宏庆泰这块招牌也不够付你的本钱。爹当初是怕你受不了这个压力，所以才极力反对。既然你有如此决心，那为父也勉为其难放手一搏。以后就按照你的意思去做吧，宏庆泰将来是好是坏，我们这些老人说了不算，接下来就交给你了。对了，为父又刻了几个核雕，你出国了一直没机会给你，回头来取吧。

沈林氏，我也终于完成了约定，就不知给你准备的衣服颜色，你满意不满意，希望我们为这个行业发挥余热，做更多的贡献。

我苏州确实是弹丸之地，但是也容不得外来人如此放肆！泱泱大国岂能被日本人掐住命脉！我夏某知道，这条路不好走，错失一步就会全盘皆输，但堂下有你们这些后起之秀，我苏州丝绸复兴有望！

记住，无论付出多少苦难，遭受多少不公，都要在这条路上一直走下去！

跨界合作

苏州丝绸博物馆联合苏州市歌舞剧院、苏州市评弹团、苏州市滑稽剧团的演员老师们,演绎了博物剧场各个角色。

特别感谢
苏州市歌舞剧院
苏州市评弹团
苏州市滑稽剧团
苏州美术馆

服装支持
苏州市锡剧团
冯英旗袍

演员表
王池良饰夏伯祥　查兰兰饰沈林氏　周梦白饰夏宗卿
陆佳麒饰余根生　洪舒窈饰沈初　徐红饰李文绫　傅巍饰史仲铭

导演　姚沉涵

现场编导　陈萍

摄影　莫剑毅

妆造　赵婕

夏宗卿

沈初

史仲铭

李文绫

余根生

沈林氏

心有灵犀一点通

江南无界

六件文物经过二次创作，成为六位主角的日常衣着、服饰纹样和织造工具，记录着他们的性格特色、人生故事和心路历程。依据六个人物的IP形象和相对应的六种花语，苏州丝绸博物馆设计开发了一系列文创商品，于2022年6月起在丝绸博物馆现代馆前台发售。

文创产品

宏庆泰花语系列防疫口罩

花语口罩

上图：宏庆泰桑芽茶
下图：太湖雪联名桑蚕丝眼罩、太湖雪联名桑蚕丝口罩

我们各人住在各人的衣服里。

——张爱玲

编委会

编　　　著	卢麃麃　钱兆悦
编　　　务	沈　洁　朱　艳　王立群

展览总策划	钱兆悦
策　展　人	冯博一
艺　术　家	卢麃麃
展览协调	王立群
展览设计	陆　新　府志兆
平面设计	杨小满

卢麂麃艺术

我们各人住在各人的衣服里

苏州丝绸博物馆 编

苏州大学出版社

图书在版编目（CIP）数据

卢麃麃艺术：我们各人住在各人的衣服里 / 卢麃麃，钱兆悦编著；苏州丝绸博物馆编. —— 苏州：苏州大学出版社，2022.12
（无界江南）
ISBN 978-7-5672-4210-4

Ⅰ．①卢… Ⅱ．①卢… ②钱… ③苏… Ⅲ．①服装设计—作品集—中国—现代 Ⅳ．①TS941.28

中国版本图书馆CIP数据核字（2022）第254705号

无 界 江 南
Wujie Jiangnan

卢麃麃艺术:我们各人住在各人的衣服里
Lu Biaobiao Yishu:Women Geren Zhuzai Geren De Yifu Li

编　　　者：	苏州丝绸博物馆
责任编辑：	倪浩文
出版发行：	苏州大学出版社（Soochow University Press）
社　　址：	苏州市十梓街1号　邮编：215006
印　　刷：	苏州市越洋印刷有限公司
邮购热线：	0512-67480030
销售热线：	0512-67481020
开　　本：	700×1000　1/16
印　　张：	22.5（共三册）
字　　数：	253千
版　　次：	2022年12月第1版
印　　次：	2022年12月第1次印刷
书　　号：	ISBN 978-7-5672-4210-4
定　　价：	258.00元（共三册）

凡购本社图书发现印装错误，请与本社联系调换。服务热线：0512-67481020

前言

苏州，丝绸之府，锦绣之地。在漫长的时光岁月里，丝绸融入了古城，绣出了江南，并通过丝绸之路编织着世界。丝绸是中华传统文化的重要组成部分，自古以来与文化、艺术、科学、技术都有着密切联系，又与人们的日常生活息息相关，作为文化符号、审美意识或者创作源泉根植于每个人的心底。博物馆是连接过去、现在和未来的桥梁，从当代的视角与古代丝绸文化展开对话，也许可以让我们更好地触摸丝绸的未来。

本次展览尝试在博物馆内提供一个当代艺术空间，通过艺术家的全新创作，呈现传统丝绸文化在当代的艺术表达，进而来探讨和研究丝绸艺术在当代的发展趋势和方向。同时，当代艺术场域下的公众美育也是展览着重考虑的一个方面。希望展览能激发公众特别是青少年对艺术的兴趣，建立他们参与艺术、对话艺术的渠道，让更多的人一起来探寻和感受当代艺术中的传统丝绸文化。

目录
Contents

002　卢麃麃，她在她的衣服里 / 冯博一

007　设计师——做时尚的衣服　1999—2010
008　跑跑店——我的第一件作品 / 卢麃麃
018　穿透胸膛——情感的表达 / 卢麃麃
022　瓷衣——衣服是记忆的线索 / 卢麃麃
030　寻衣问道：卢麃麃与刘庆元对话

050　艺术家——时尚的生命　2005—2015
052　穿衣服的椅子——它们的生命 / 卢麃麃
058　一根线 / 卢麃麃
068　褶皱 / 卢麃麃

076 **教育者——我理解的时尚和我教授的时尚　2016—2021**
078　剩余价值——服装设计与时尚产业 / 卢麃麃
090　一块布的迷宫——从零开始的结构 / 卢麃麃
102　物是人非——当代语境下的传统 / 卢麃麃
110　艺术，或给你意外的人生——卢麃麃答葛芳问

126 **我们各人住在各人的衣服里　2022**
128　玫瑰是玫瑰 / 卢麃麃

136 **卢麃麃简历与大事记**

139 **后记**

卢麃麃，她在她的衣服里

冯博一

独立策展人、评论家

1942年，张爱玲用英文在《二十世纪》月刊上发表了散文Chinese Life and Fashions，后她又译成中文，名为《更衣记》，刊于1943年12月的《古今》杂志上，1945年收入她的散文集《流言》中。全文尽管只有五千余字，却勾勒、描述了中国时装三百年来的变化。其中，她写道："所有的创造力都流入衣服的区域里去。在政治混乱期间，人们没有能力改良他们的生活情形。他们只能够创造他们贴身的环境——那就是衣服。我们各人住在各人的衣服里。"

衣服与人类的日常生活息息相关，除了生存需要的遮羞、避寒之外，还有审美及趣味。服饰设计已然成为及时反映时代变迁并影响我们时尚生活的标志，拥有无穷的种类、款式和想象，也是介于公共与私人在身体间隔上的"第二张皮肤"，并作为一种社会身份、等级，抑或身体政治的象征符号，承载着历史、地域、民族的文明，测度着社会消费文化的趋向。

卢鹿鹿教授主要从事纤维艺术创作、服饰设计及教学工作，现任广州美院工业设计学院服装设计与配饰系主任。她在创作自述中说："我的创作都是从原有的设计或者艺术创作角度出发，探讨艺术与设计相互融合渗透的新的可能性。我关注的不仅仅是形式，更主要的是借助这些形式展现对生活的思考与态度。"

借用张爱玲"我们各人住在各人的衣服里"作为卢鹿鹿这次个展的题目，是希望在苏州丝绸博物馆展示"她在她所在的空间，她在她的衣服里"，且游刃有余地穿梭、编织卢鹿鹿的创作履迹，呈现一次"寻衣问道"的对话交流。借此也以卢鹿鹿的个案，为苏州观众提供一种了解、释读当代纤维艺术与日常生活关系的视觉样本。

卢鹿鹿的创作，以广义的纤维为主要媒介，通过材质置换、编织刺绣、折叠拼接等工艺方法，将个人经历、记忆和不同时代的消费文化元素，有机地缝合在一起，显示了她在利用、延承苏州乃至中国丝绸传统文化资源上与当代艺术之间的衔接点、激活点，并演绎转化到了一种当代纤维艺术创作之中，由此引发出关于纤维艺术的技术性、物质性、视觉性等诸多值得思考的创作问题。如同她的《物是人非》系列作品，首先抽离了传统潮绣《郭子仪拜寿》画面中的人物形象，再采用现代电脑绣花工艺完成保留下来的景与物。这种"有目的的转换和错位"的创作方法（卢麃麃语），是她探讨传统与当代，活化民间传统手工艺并将其与新技术相结合的尝试。

她的《记忆》系列作品是她拣选了几件带有个人经历和温度的旧衣服，反复涂刷陶浆后，经过高温烧制，形成的一组具有陶瓷质感的衣物；《褶皱》是采用聚氯乙烯板材热熔技术，将柔软布料所形成的肌理进行重置塑形；而《茧》则是用着色的金属丝将椅子、镜子等日常物件进行"作茧自缚"的缠绕、包裹。在这些作品中，卢麃麃脱胎换骨般的复制、置换，改变了原本之物的功能和属性，凝固了织物的美感，或于刻意纠结之处，使观者获得一种抽离出的别样的触感、视觉，相对充分地诠释了她对人与物的超日常体悟。

具有教学示范性的作品《一块布的迷宫》，其实是卢麃麃有意设置的"一场关于服装结构的游戏"。它不同于我们惯常认知的艺术作品形态，而是由三组互相关联又相对独立的系列组成。在制作工艺的指导下，将纸张、皮革、木材、金属、食材等非传统服装材料，通过切割、折叠、揉捏、挤压等手法，蜕变为立体的剪裁。这种在材料语言和方法上并行不悖的结构形式，完成了服装皱褶喻象的能量转化。

卢麃麃最有意思的作品是《剩余价值》。她针对时尚产业的浪费问题，充分利用服装产业的剩余物、边角料，经由传统裁缝的繁复工艺，拼接、制作了十二套色调丰富且斑驳的西服。在"有用物"与"无用物"缝隙之间的加工，恰如她追求的"比时尚更加具有时尚特征"的效果（卢麃麃语）。实际上这是她对"价值"概念的一种剥离、否定和重构，既赋予了"剩余价值"一种新的附加值，又超越了原有价值而形成了超然物外的审美价值。

服饰设计在本质上是一种信息化，现代的经济体系就是依靠信息化的方式来实现对消费需求的无限开拓，从而保证其自身持续的繁荣与发展。而所谓开拓无限的消费需求，实际上就是开拓人们对消费的无限欲望，即以一种社会化的普遍伦理、风尚习俗将个人发展、即时满足、追逐变化等特定价值观念合理化为个人日常生活中的自由选择。同时，以不断的视觉设计去敏感地抓住消费者的感情、欲望与动机。我们可以通过服饰设计和商业推广，进一步了解社会时代的审美趣味、习俗，以及工艺水平等社会性内容。而它所带来的一种对时尚的嗜好，也就影响到人们日常生活中对欲望的追求和想象，于是消费欲望就不仅仅局限于服饰的功能而具有更多社会化的价值与意义。

卢麃麃为这次个展，专门创作了一件纤维装置作品《玫瑰是玫瑰》。她从苏州丝绸博物馆的藏品中一眼相中了民国时期的一件绣满玫瑰花的旗袍——那是她记忆中"母亲留给我的旗袍"的样子。她依据这件旗袍的纹饰和意象，以乱线的织法又重新编织了一件。吊装在空中的旗袍，繁密的纤维自然下垂，随意牵引和汇聚到一把民国样式的座椅上，一大朵玫瑰绽放在椅面……纤毫毕现的旗袍肌理和质感，形成了藏品的旗袍、卢麃麃的新旗袍和椅子之间的纽带和媒介。于是在苏州丝绸博物馆的展览空间中，这件新作仿佛与丝线、与记忆、与个人曾经的情感，构成了一次邂逅，并一见如故。而作为观众的我们也获得了一次重新审视服饰历史和纺织技艺的难得机会。

或许卢麃麃所发现和通过纤维等多媒介的方式进行艺术表现的作品，呈现的是一个有关纤维艺术空间的文化，并在不断跨越已经形成的边界、限制和束缚中，实验着将生存处境的冲突与纠结，编成一张张具有不同经纬度的网络。

江南无界

1990—2010

设计师
——做时尚的衣服

跑跑店
——我的第一件作品

卢麃麃

我在大学期间,一直有一个理想,就是拥有一家自己的店。2000年,我开了第一家服装店——跑跑店,我把它称作我的第一件作品。我对时尚的真正学习是在这个时间段才开始的。我觉得时尚其实是一种想象力,这对一个创作者来说非常重要,我们可以像一个作家一样通过观察虚拟一个角色。

对布料和剪裁进行适度的控制,并以此去完成对一个角色的想象。从这个角度来说,我觉得想象力推动我们去生产和制造,这是我对时尚的一个解读。

创作时间：2000—2010 年

上衣，金属丝提花面料；裙子，金属丝、聚酯纤维面料　2002

013　　上衣，提花面料；裙子，真丝、聚酯纤维面料　2003

上衣，羊毛面料；裙子，羊毛夹心双面提花面料　2003

015　　上衣，真丝混纺面料；裙子，聚酯变色龙夹棉面料　2004

上衣，提花、印金面料；裙子，真丝、聚酯纤维面料　2003

上衣，真丝、绣花面料；裙子，聚酯变色龙面料　2007

穿透胸膛
——情感的表达

卢麃麃

　　服装设计可以不单是关于功能和审美需求的设计,它有时候也可以是一种情感的表达。通过这件作品,我其实是在尝试将服装作为一个载体来表达个人的情感。在生活中,设计师肯定有很多个人的情绪,比如愤怒、忧伤。可能设计师也可以通过服装设计的方式来传达一些信息。这个系列有两个款式,一个是男款,一个是女款,男款表达的更多的是一种愤怒的情绪,而女款表达的则更多的是一种忧伤的情绪。

穿透胸膛（男款），棉布　2010

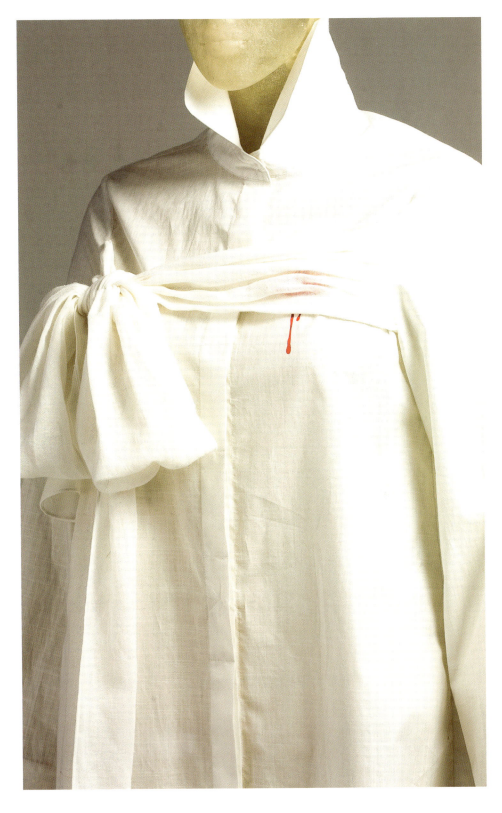

穿透胸膛（女款），棉布　2010

瓷衣
——衣服是记忆的线索

卢麃麃

时尚是为了变化而变化的游戏，时尚迅速变化所带来的副作用是人们对实物的遗忘速度大大加快，换言之，人们对于生活和情感的珍视程度在不断降低。基于这样的思考，我创作了陶瓷系列作品《记忆》，该系列中的每一件衣服的背后都有一段与本人有关的故事。衣物的表面反复多次涂刷陶浆并经过高温烧制，衣物脱胎换骨成了不会被时间所腐蚀的陶瓷制品。

记忆——纪念一个失去的女孩，陶瓷　2008

记忆——刺绣背心,陶瓷　2008

记忆——钩花比基尼,陶瓷　2008

记忆——布与玫瑰,陶瓷 2008

记忆——儿子的小裤子，陶瓷　2008

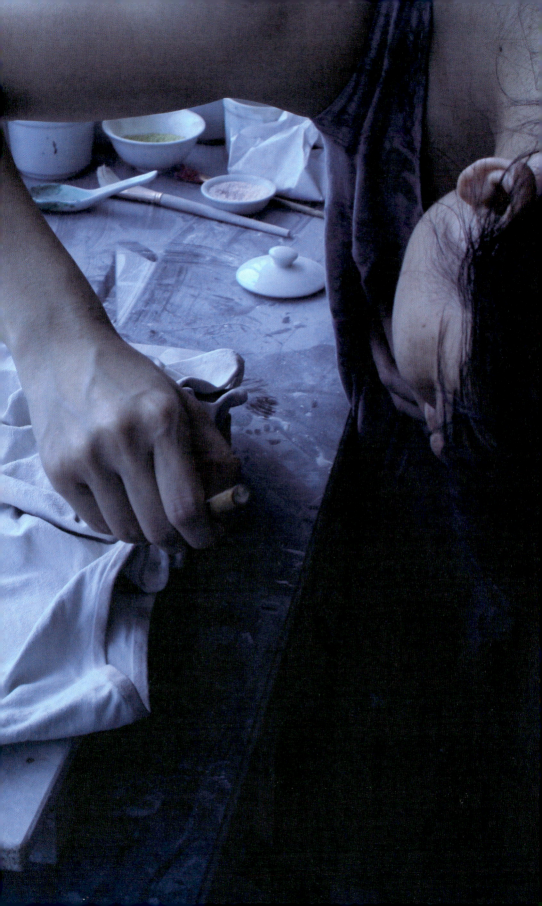

寻衣问道：
卢麃麃与刘庆元对话

刘庆元
艺术家
广州美术学院跨媒体艺术学院副院长、教授

时间：2022年8月2日
地点：广州卢麃麃工作室

刘庆元
以下简称刘

我感觉在从事服装设计这个行业当中走出来的艺术家是不多见的。你的日常表达,总是能够让人发现一些很不同的个人能量。日复一日的劳作,那是一个长期实践者本我的一种持续输出,既可以说是单刀赴会式的肉身体验,也可以说是隐藏在实践工作中的一种生命意识。这在当下的信息海洋之中,我觉得是特别缺乏的一种个体品质。另外,我对你的展览题目特别感兴趣——"我们各人住在各人的衣服里"——特别像你对自己的一个命题,这里面有太多的我们要去了解的一些动因。

卢麃麃
以下简称卢

策展人冯博一可能认为我是纤维艺术家,其实我不知道自己应该是属于什么样的人,我不觉得我是个艺术家,我是一个每天都需要工作和干活的人,做作品也没有太多思考,只是不停地在做。当要做这个展览时,我才开始梳理个人的创作线索。展览题目是冯博一用了张爱玲在《更衣记》中的话。这个题目一下子击中了我,刚好应对我整个作品的表达。我基本上是一个自说自话的人,没有太多的欲望要跟别人去聊天。至于我做的东西它能成为什么,我也不怎么考虑,只是不停地做才会让我平静。

刘

我一直感觉你特别忙碌!这种劳作在你日常生活当中是不是占很重要的比例?因为你谈到只有做才会让自己平静,如果不做自己的工作,你会变得浮躁吗?让我想到很多艺术家或者设计师,则是相反的,大多为做而做,总要为不同的结果、目的或者是委托去做一些工作。而你谈到你很在意自说自话的状态。我很想了解你为什么要不停地做。

母亲织的袜子

卢　停下来，意味着不仅是停下来，还要有一个新的开始，对我来说这是比较可怕的事情。如果一个事情一直延续，我觉得是安全、踏实的。

我妈妈现在快九十岁了，每天都在织袜子。每次见面，她就拿给我袜子。几十双她织的袜子，我都穿不过来。她说她要在走之前织完我们这辈子要穿的袜子。这是她的方式，而且只有这样她才会觉得自己是个有用的人，这也是她生活的意义。可能是基因导致的吧，我也会不停地做衣服。

刘　你的表达总是自带个人能量，这跟现在很多从事艺术设计行业的年轻一代来说有很大的不同，因为他们一开始就容易被学科、行业和生态不停地界定和塑造，时常要沉溺在时代发展语境下的诸多判断和选择当中。而在我跟你的交往中，我觉得你会经常谈到你的妈妈，也谈到你的父亲，这些"特别能做事"的家人们好像总会在你的生活当中传递一些信息，类似一种生命符码。每次我听到你这些精彩表述时，我会下意识觉得自己面对的是隐藏在现代性知识体系背后的一种能量，这种能量小心翼翼地穿越时空屏障，通过某一个合适的、具体的人和事来传递和流露。

你可以谈谈你父亲吗？

卢　我父亲是一个很神奇的人，他的成长和经历像一部小说或一部电影那样精彩。我父亲的家族有华侨，日本人占领潮汕地区后，他的母亲饿死在他的身边。他为了去南洋找他的父亲，把自己卖掉了。

刘　自己把自己卖掉？

卢　对，把自己卖去当劳工，然后被关在汕头码头，等半个月或更长时间的一趟渡轮。其间，他又被一位卖汤粉的老头赎身收养。之后一段时间，他到处闯荡谋生，新中国成立后才回到潮汕的一个乡村教书。我小的时候家里所有的东西都是他自己做的，他手工非常好。我记得很小的时候，就看见他给我缝裙子。

我想是早年的经历他受够了，半辈子都在不安中度过，他更希望待在一个比较小的地方，会很安全。我觉得只有劳作会让他觉得舒服。这点我也很像我的父亲。

刘　看来家庭对你的影响还是蛮大的。每次你在讲的时候，都是娓娓道来，这是因为你对生活的某种细节已经了然于心吧。同时，对它的能量转化又是天然性的，而不是一种硬性的有意为之。这种天然性在今天真是变得非常重要，相信大多数的人都会

1999年，跑跑工作室一隅

感受到你的这种天然性。

回到2000年，你把自己的第一家服装店，称之为你的作品。你的第一件作品是个什么样的状态？

卢　每一个做服装设计和对时尚有兴趣的人都有一个梦想，就是想拥有一家自己的店。但上世纪90年代的中国，其实没有时尚、品牌，也没有著名的服装设计师之类的偶像，时尚全都是依靠想象。

我为你做一件衣服的时候，就会对你有一个想象，然后我才给你做这个衣服。就像是一个扮演角色的游戏，时尚对我的吸引力就是这样开始的。我还很爱买布，从20世纪90年代初就一直在买，我收藏了很多布料。1999年，我在家楼下租了一小间停车库做工作室，我甚至都不知道为什么要做工作室，就开始做衣服，又必须把它卖出去，要不然很难维持。

我第一家服装店是 2000 年开的，其实不太像一个正常的商业运转模式那么有规划，我甚至不知道开店需要营业执照，开店半年后就被工商局封了店。所以整个过程其实也是一点点学习和积累，到后来最多的时候差不多开有二十家店。这个事情对我来说是一个非常不真实的回忆，那个时代的天时地利，就算你完全是个小白，你都可以这样去弄的，现在是完全不可能了。

刘　我对一个实践者为什么要去做这件事情的缘由特别感兴趣。源头不一定是具体的、想得非常明确的一个状态。十年后，你突然不开店了，这个作品结束了吗？

卢　我真正对时尚的学习是在这个时间段，到了第七年、第八年的时候，我已经开始觉得完全控制不住了，整个市场扩张得非常厉害，我也拼命地在开店，很多人来找我谈加盟，然后我要去谈，要看他的地方。最大的问题还不是开店本身，因为开店就意味着你必须有东西卖，而你的生产力是不够的，如果有很多店的话，生产新款的速度要很快。

刘　就是夏天想冬天的事情，冬天想春天的事情的闭环状态。

卢　整个生活有点失控，做东西也不知道什么时候是个头，又忙又焦虑，天天就是这样的状态。我开始请设计师，让团队变大，然后让他们去做，尝试退出不做设计了，但又觉得退出了，这件事情跟我还有什么关系呢？直到 2010 年，我最终决定退出了，把所有的事情切掉了，结束了。然后我很快就看到了一些我能做的东西，开始了新的尝试。

2003—2004年跑跑店秋冬服装展示

刘　其实你谈到的是面对即将到来的或者正在发生的"失控"，一开始就是决定要用你的方式，我说的你的方式，就是带着两箱布和一箱衣服结束，然后开启另外一个状态。如果说以前你的时尚是为市场或者为他人服务的话，你希望你的服装里面能够住着更多的不同的人，现在你把它还原到了自己的身上。所以我就想谈另外一个问题：当你结束了第一件作品之后，开始展开了自己的创作，因为你是一个不想停下来的人，然后你自觉地去接触不同的、可能性更加宽泛的艺术状态和领域，你开始找到了自己要去介入的方式。我觉得重要的不是时尚，而是不同时空之间的自我转换——带着一块布，从挂在橱窗里的一件衣服中走出。

当你作为一个艺术家中出现在公众视野中的时候，我看到了你陆陆续续呈现出来不同材质演化的作品。如果说寄生在材质中的作品蕴含着个人的生命意识的话，我觉得它可以是不断生长的，你是如何理解你对它们的一种意识介入？你如何理解物和生命意识之间的关系？

卢　我有改造周围事物的习惯。衣服旧了或破损，我给它剪短一点或者加点儿别的东西。就像我小孩的衣服，有的是把我的衣服剪掉重新给他做的，或者是保留原来的某一部分，然后把它拼装到另外一个东西上面，我会觉得特别好玩。一把旧椅子也好，一件衣服也好，它是一个生命，它有它的命运，它可能今天在你这儿，之后你把它送给我，它就跟了我去了我家，当然就会有新的故事发生。
这种感觉很神奇，甚至你感觉你穿越了时空。你看这把椅子，之前使用这把椅子的那个人或许已经不在这个世界上了，但是这把椅子还在那儿，它跟了我，多年以后也可能会去到另外一个年轻人的家里。我觉得这把椅子所见证的东西肯定比我这辈子要看见的东西要多，虽然它就是把椅子，它没有"腿"，但它依然满世界跑。

刘　你认为无论是一把椅子，还是一件衣服、一套家具，其实很多人通过使用它留下了自己的故事和时光岁月的记忆，而你凑巧成为其中一位用它来讲故事的人，你用自己的方式留下了自己的痕迹。

卢　每个人在家里都会有自己熟悉和喜欢待的地方，我觉得这个也是很奇怪的，就像一个人的命运。我在做作品的时候，经常会这样想。

刘　一般做展览的时候，无论是设计，还是作品，都会有一个作品说明。我们习惯在表述一个作品说明时，大量使用概念术语，各种堆叠的学术词汇。刚才听你的讲述，你有一个一直在改造自己周边的习惯，这个周边不只是家，还包括你路边看到被遗弃的椅子或者一件旧衣服，然后你会想象它们跟很多人的关系，而你只是关系链条中的一个环节。物品肯定会漂流的，就像后来你说人的生命是有限的，但物会一直存在。

你所创作的每一个作品都有特别真实、平实的情感述说，而且一定要由你来说，以你的方式，你的节奏、你的南方口音、你的断句、你的轻重缓急，这才是你作品最好的注解。

创作中的生命意识不可能是通过遣词造句形成的，而是通过参与者的自我诉说形成的。你的表达特别带感，如果你的展览里面的作品说明能够用"直给"的方式去让大家了解的话，我觉得是特别酷的一件事情。

卢　我只是把一件东西做了改变，或者是拉到我的生活里边来。这种方式可能也是一种创作，但我没有去"生造"，或者说它们并不是我"生"出来的一个作品。很多作品很难从零开始，它一开始已经有了，你只不过是把它带到了更靠近你所表达的一种东西上来。

刘　我们说得最多的就是创作。谁不在创作？但是你要说改变，这个倒是需要极大的时间成本、心力和精力，它可能是一辈子的事情，这个一辈子还不一定能够改变，能够接近就已经差不多了。"我没有创作，我只是改变"——这像个政治家说的话。所有的事物，无论是椅子还是衣服，你都把它理解为为其做生命的注解？

我真的是觉得任何一件东西都是活的。

刘　有一个词我不大接受,"生活美学"。因为生活不只是"美",也有血腥和汗臭。但我理解你就是一个不停地通过改造去讲故事的人。

卢　有这个意思。我在家有几年也不太做东西,然后我就在家里刷墙,我自己补灰,然后刷墙、刷家具。如果我不做事情,我就会疯掉的,所以我就会不停地干活。我买各种漆,然后调好多个颜色,在那里不停地试。我家里的墙好多面,你仔细去看,每一面的颜色是不一样的,有细微的变化。

刘　你总是能够用一种特别坦然的方式开启自己的工作生活模式。我觉得你还是一个对材料应对自如、非常敏感和克制的人。我说的敏感是指你去观察它,或者抚摸它,或者聆听它并触碰发出来的声音的时候,也能够产生一种共鸣,我觉得这才叫作敏感,就像血脉里自然流淌的东西。

卢　其实我是一个没有线索的人,我看到什么就做什么,我很怕梳理自己。

刘　从身体力行到知行合一是一个漫长的过程。对长期主义者而言,谁也不可能自己去梳理自己,当你还没有完全停下来不去做事情的时候,我觉得梳理得交给时光,而不是交给自己,除非你已经自恋到无药可救的地步。

卢　是的。我开玩笑说:我下辈子要做一个歌唱者或舞蹈家,他的工具是带在他身上的，张嘴就来，迈开步子就能跳。他的作品也就在他身上，不需要用空间来展示自己。

刘　　工具在自己身上。但如果没有刻苦的训练，就会生搬硬套，这个无法掩饰，重度自洽患者都不行。既然谈工具就离不开技术，你喜欢分析技术？

卢　　我很习惯观看、学习别人是怎么运用技术的。其实我天生有这种能力，对我来说很容易，一点都不难。

刘　　看你之前列出的几个比较有代表性的作品，我觉得其中也很有技术或技巧，但技术被藏起来了。

卢　　有时候技术是被藏起来的。技术是一个实实在在的东西，好的技术是有灵魂的。我见过好的技术，让你觉得已经超过了想法、措辞、话语的那种技术。

刘　　你举个例子。

卢　　漆艺就是。一遍一遍地推进，每上一遍看起来是一样的，上第五遍跟上第八遍，感觉没有区别，但是当你上到第二十遍的时候这种东西就出来了，而表面或过程中没有变化的那种东西，时间久了它的变化也就来了。

刘　　很多人虽然他也会有很好的技术，但要做到把自己真正投射进去，去感受你所言及的"一遍一遍"推进，还是很弥足珍贵的。你面对纺织材料和编织技艺的时候，也会像漆艺那样吗？

卢　是的。因为你可以看到织纹里边，包括线，一会儿是扁的，一会儿是圆的，当你仔细放大再看，织物中看起来好像很随意的效果，其实都是人家算出来的，它是靠数学，不是艺术。我觉得这种计算比艺术更有魅力。我有一条日本上世纪80年代生产的腰带，就是日本的技术控们（现代意义的技术控），模仿古代手工织机织的葛饰北斋那些版画，绝对是计算出来的，和古代那个东西对比是一模一样，但这又是现代织机编织出来的，甚至我觉得这个价值比古代的作品要厉害得多。

刘　无法回到古代的话，你只能往前看，你可以踏着传统的脚印前行，但一定要走自己的路。刚才你也谈到对技术的观察和理解，我突然感受到"控制"——你称之为"计算"。我理解为一种控制力，就像我看你作品里面的控制还是很强的。你的作品里面有没有出现过偶发状态？

卢　好像我不太会有这种情况，我是设计师的那种思路。我的作品大概率会和我脑子里想到的或者画的图基本一样。我以前做服装设计常常要画结构图，现在我很少画图，但是脑子里面会有一个样子，然后我会一直在那里比画，做出来的基本上会接近我想要的那个东西。服装设计师对尺寸和比例非常敏感，长一寸和短一寸不一样，五粒扣子和六粒扣子也完全不一样。我心里特别清楚这些细节。

刘　做服装的设计和创作的这个过程，也要在立体思维中去层层推进和构造。

卢　蛮耗体能的。

刘　　它其实是个团队工作，你更像导演。包括对所有环节过程的把控和及时调整，团队集体合力按照导演的意图共同搭建。

卢　　对，预想和制作同步。

刘　　那你做这个作品的时候，有没有想象最终效果？

卢　　没有。我做自己的作品和做服装设计不一样，服装的终端就是秀场，我的作品是回应我自己。

刘　　你身体力行的，就地取材地通过以手造物的方式去言说，所有的创作都是从周边开始，从离你最近的椅子，从你要穿的衣服或者别人穿过的衣服等开始。如果理解为这是一种教学品质的话，在今天的多元化教学当中，这仍然是特别重要的一种品质。
　　　因为我们都是一线教师，大家在日常的教学中习惯了案例分析、课题拆解，组织个体或团队分析、讨论，然后再去实践创作中获取或生产，大多就是这样的重复和循环。我在看你作品的时候发现有个栏目叫"我理解的时尚，我教授的设计"，你还是很在意教授你对时尚的解读？

卢　　我生活里面什么都可以没有，但是不能不时尚。这种时尚包括了一个生活态度，时时刻刻提起精神的意思，哪怕多么疲惫，心情多么糟糕的时候，都要关注一下。也许这是一种习惯，也是一种享受，我每天早上起来第一件事情就是熨衣服，这是我每天都做的事情，熨斗我都有好多种。

你觉得一个人进入每一天的形象可以有不同的设定。在不同的空间和场合，结合你的心情，都会有不同的着装设定，这种设定在你这么多年的教学当中有没有对学生产生影响？学生一般都很在意老师的细节，而且还是一个全身上下释放视觉信息的老师。我觉得这是一种教学痕迹。

卢　我不知道，可能学生没有看出来我袜子的图案。别人是不是看出来，我好像也没太留意。

刘　我分别于2017年在广东美术馆、2018年在深圳华美术馆策划过关于劳作、生产和界别的展览，我都有邀请你参展，因为我觉得你的作品对外是一种公共教育和认知接近，对内是一种自我转换和细嚼慢咽。
例如你作品《一块布的迷宫》，题目我觉得很有意思，你下面有一个副标题叫"从零开始的结构和零浪费"。我觉得从一个不停地去做设计和生产的人的角度去讨论浪费特别有意思。

卢　时尚行业的浪费是我们肉眼看到的一种浪费，另外的一种浪费往往是不被看见的，这种不被看见也是浪费。

刘　不被看见的价值。

卢　对。时尚行业最大的特点就是节奏，节奏是这个行业的魅力。为了追求这个节奏，后面有一个巨大的团队跟着这个节奏不停地转动，这个节奏甚至变成了所有人共同生活的节奏。我想通过作品去讲时尚这个很美好、很残酷的事情，时尚被这种为了变化而变化搞得一点也不酷了。我的团队做这两个作品目的是假设我们能回到一个更轻松、更原始的状态，也许这个事情还可以更美好，现在已经好像不可逆转了。

刘　我理解你是在反思你所参与和介入的行业。所以我从你《一块布的迷宫》里面，非常确定地去感受到它是一个共同行进、共同教育的状态，这是一个共同语境的搭建，其中还有你改造的一张桌子，你总是带着它到处走，那是用树干横截面改造的，上面还装有一个缝纫机，特别像一个现成品装置，对应的是墙面悬挂着的一种黑色材质做的一件衣服。

卢　那个是黑色的牛皮纸，一种特有的水洗牛皮纸。

刘　在这个作品里面看到的不仅仅是服装制作本身，它是一个劳作过程的场景还原，就像一个小型雕塑作坊，其中隐藏着一些问题。我记得当时你们好像是有一个小组。

卢　对，这是一个教学团队共同的作品。我们团队有我、王桦、王莹、何继丹。

刘　你们也以这种小组的方式一起去开展教学工作？

卢　我们服装专业实操的课程通常需要配合，服装设计团队一般由设计师、打版师、工艺师组成。

刘　这个教学小组，又像一个共同工作小组，而且还一起参加这个展览，可以说那就是艺术小组。因为我一直在了解、研究从不同的行业学科里面去寻找共同工作的方法和形成共同工

教学小组（右起）：何继丹、卢麃麃、王桦、王莹

作的意识，我在尝试不同学科界别的合作，当然也是一种探索。如你所言，服装设计与制作涉及一个如此严谨的工作流程，其中几个人的这种协调配合就不只是一个教学过程，其实无意当中也给学生在传递一种行业的规范和意识。

卢　我跟学生上课的时候会提到，在这个行业如果你不合作就完蛋了。没有一个服装设计师是靠自己单打独斗出来的，就像导演是不可能自己一个人去拍一部电影的。

刘　你花了多长时间组建这个团队？

卢　是做《一块布的迷宫》的时候我们才开始组队，之前我们各自都在做各自的事情。现在我们也是这个状态，做《剩余价值》的时候何继丹就没有参加，她在写一本书。

刘 当时我策划这个展览时,你跟我说你们有个小组,她们是系里的几位老师。我当时想这是很难的事情,因为每个老师都喜欢按照自己的方式来做作品,各自创作,有各自的课程和课题,但在你这里还可以迅速地组织起来,像一支特战游击队,这在目前的高校体制里面是比较少见的。

卢 我们合作都有很细的分工,首先概念是我出的,接着我们讨论这件作品的体量多大,需要花多少时间完成,然后每天下午一起工作。比如说《一块布的迷宫》,我们每个人完成一件衣服的创作,材料和手法每个人自己决定,互不干扰,其他部分则一起完成。我们还挺享受每个学期有一次这样的突击项目。其实制作这件作品的过程是很有魅力的,我身边这些人满身功夫,她们都应该被看见。

刘 回到《剩余价值》,也是你们小组共同完成的作品。我觉得它的背景就应该有一部关于服装厂的纪录片,或许更便于我作为一名观众去理解这个作品的语境。我对其中一件衣服印象非常深刻,衣服上布满了很多著名的时尚品牌,我觉得特别攒劲儿。

卢 全世界著名的牌子都在一件衣服上共存,而且后边还有招财猫和财神,很丰盛。

刘 我想再谈谈传统对你的影响。你是潮汕人,我们都知道潮汕地灵人杰,保存有大量的非物质文化传统技艺。我几乎每年都要以各种理由去潮汕行走、感知,感受当地日常生活当中所传递出来的信息。

我在一个潮汕传统文化展览上看到你的作品《物是人非》，似乎是在用当下的工艺和视角对过去做一个回应，你是在感叹传统文化的衰落？

卢　传统文化在我的想象中肯定是很美好的。

刘　你有传统的基因，但是你并不喝工夫茶。

卢　我觉得有些东西在你血液里边，你想甩掉也甩不掉。我年轻的时候试图要甩掉一些东西，曾经觉得传统总是有一点束缚，或者有一点局限，希望更开阔一些，把传统背景隐藏起来。现在发现你是甩不掉的，它老是跑出来。我十二岁之前一直住在那种有木雕的老宅里，记得大梁上雕刻有一棵的白菜。小时候可以到屋顶上去跑，在屋顶上晒萝卜干、晒鱼干。后来我们家搬到楼房时，敲锣打鼓地终于离开了潮湿和腐朽的房子，但是童年的记忆很难忘掉。

刘　可能年轻的时候不大去思考这个问题，因为还是在吸收和迎接各种扑面而来的新浪潮，到了一定阶段的时候，这个称之为"传统"东西它还是一直会伴随你。我们刚刚谈到了传统技艺，你说多年以后你发现甩不掉，感觉有一个漫长的时间维度让你去不断地思考这个问题。
你在教学中，有没有尝试过跟你的学生去讲述这种传统技艺，就像你之前谈及父母亲对你的这种影响？

卢　我有试过跟研究生交流。我会跟他们讨论一个人的结构，你的整个组成部分都有哪几块？有些东西是老天爷给你的，占很大部分，比如音乐的感觉、色彩的感觉等，这些东西你是无法学习的。然后小时候成长的环境会给你一些东西，也就是记忆。当我被邀请去潮州做潮绣调研时，看到那些绣品，所有记忆就嗡嗡嗡地来了，潮汕人把好的东西给神，给祖宗；在潮汕，人的事都不是事，神的事才是事。

刘 我看你的资料，你在最后的章节谈到了自己，其中出现的图片中有你外婆亲手做的衣服，还有你妈妈的旗袍，我很惊讶居然可以做到这么精细。

卢 我外婆的衣服完全是她自己做，那个是非常厉害的。我外婆手工很好。我妈妈的那件旗袍显然是那个时代最时髦的服装了，应该不是她做的。

刘 你把这种穿戴的记忆转换为自己的创作，记忆对你非常重要，因为这里提到衣服是记忆的线索。

卢 我记住一个人不是那个人当时长什么样，而是那个人当时穿了件什么衣服，我甚至能够记住那件衣服的扣子是什么样子的。

刘 有意思。在你众多的设计和创作中，也会时时把这种个人情感元素融入进去，让它们住在不同的衣服里。我记得你曾经展示过一件白衬衣，它的质感特别好，很酷。衬衣胸口处还印有刺眼的红色血滴，然后很低调地穿了一下就把它收藏起来，感觉它像一个故事，每个人穿上都会有故事。

卢 这是我第一次想用一件服装去表达，去讲故事。这件作品有一件男装和一件女装。都有一滴血，一个在外面，一个藏起来了。

刘　我穿过这件白衬衣去参加一个展览的开幕式，所有人都盯着这件衣服看，都说这衣服太酷了，还问我这个衣服叫什么名字？我说"最后一枪"。

卢　这个衣服的名字叫"穿透胸膛"。

刘　回到你最后这件旗袍装置的新作品，可以谈谈你的想法吗？

卢　这个作品的名字叫《玫瑰是玫瑰》，是美国诗人格特鲁德·斯坦因的一首诗。我想通过这个作品表达"玫瑰是玫瑰"，我即是我。这个作品其实表达的是时间的一个状态，各人的经历造就了各人看待世界的角度和情感的表达。苏州丝绸博物馆希望能有一件与苏州丝绸文化传统有关系的新作品。我在苏州丝绸博物馆资料中，一眼便看见了那件长满玫瑰的旗袍，它同记忆中母亲留给我的旗袍有着相近的模样，于是便决定将它当成我与博物馆之间的连接点。我一开始是计划做一件旗袍和一个线的装置，但由于疫情一直没有去现场看，我现在的作品形态是吊装、悬空的旗袍与椅子之间，通过垂线、玫瑰图案连接而构成的一种关系。过几天我会去看场地，到时候才能确定装置怎么调整。

刘　最后旗袍与地面上座椅的装置，又回到了记忆的原点，形成了传统与当代的不断纠缠。

江南无界

2005—2015

艺术家
——时尚的生命

穿衣服的椅子
——它们的生命

卢麃麃

　　我创作的开始,其实是改造,而不是创造,我并没有在创造一个全新的东西,而是把一些我觉得有趣的、有意思的东西,例如一条狗尾巴和四条腿,装到了另一个物品上,然后它就变成了全然不同的模样。在我看来,创作并不一定要从零开始,我只是把它带到更靠近我的一种表达上来。

大灰狗·Yoda，椅子、羊毛毡　2008

大灰狗·Yoda，椅子和外套、羊毛毡 2005—2008

时尚的皮囊,棉布、透明树脂 2008

时尚的皮囊,椅子、弹力布料 2006

一根线

卢麃麃

对手工的东西有一种迷恋。《一根线》系列中的这件衣服就是用一根线不断缠绕而成的。它并不是事前筹划的结果，而是在制作过程中容纳了各种偶然性，它打破了服装设计对结构的强调。整件衣服从一个局部开始自由地蔓延，这件作品并不强调过多的目的性，同时也不受任何时间的限制，更多地承载了个人的工作乐趣。

一根线衣服，棉线　2009

这个系列乃着色金属用织茧的方式把物件包裹、缠绕，从一个局部开始自由地蔓延。

茧·椅子,椅子、金属丝 2008—2011

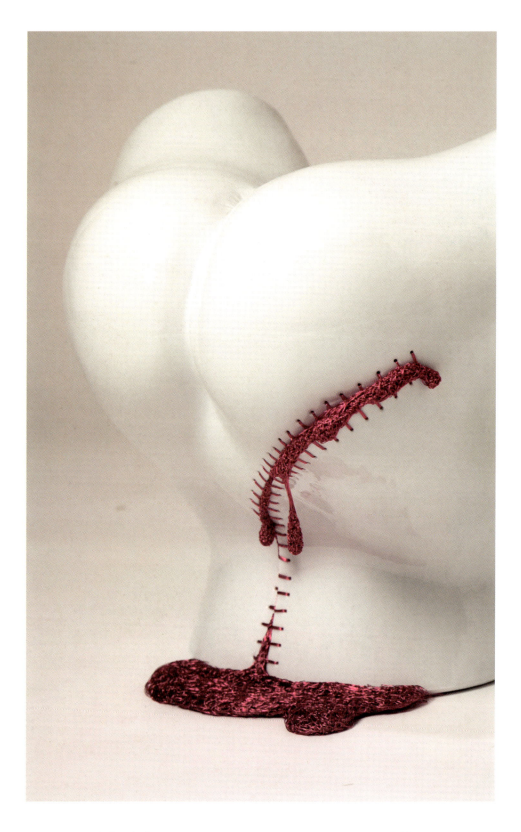

流血·屁股，陶瓷、金属丝 2008—2011

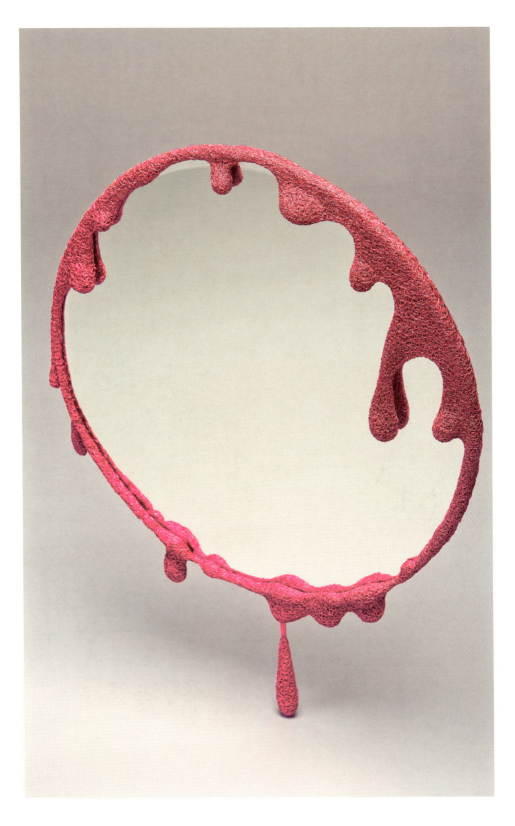

流血·镜子，玻璃镜面、金属丝 2008—2011

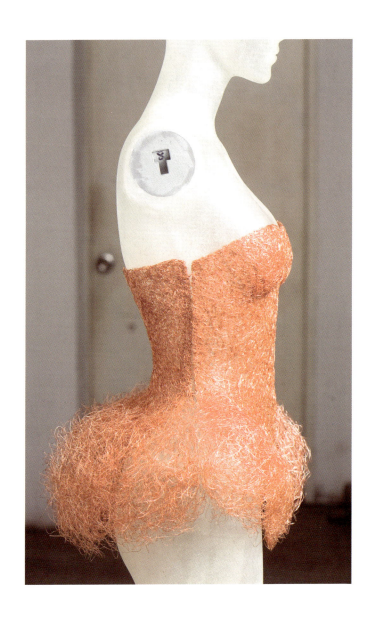

铜线胸衣，铜丝　2008—2011

绣花椅子,椅子、金属丝 2008—2011

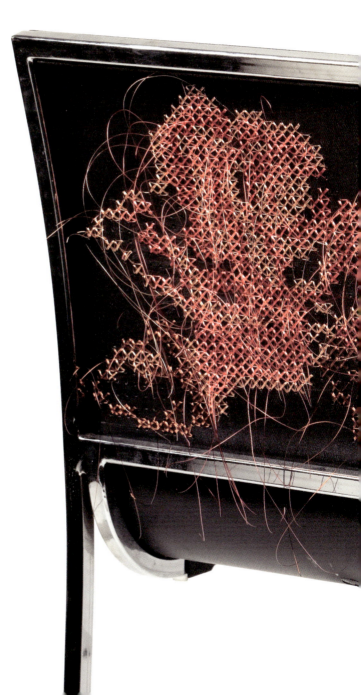

褶皱

卢麂麂

　　《褶皱》是一件组合作品,在椅子和桌子的基础上加以聚酯纤维材料塑形成布料的样态,而聚酯纤维材料是有硬度的,以此来探讨材料柔软与坚硬之间的关系,同时陌生化日常生活家具。布料的皱褶肌理有着特别的美感。

褶皱，综合材料（主要材料为聚酯纤维）　2015

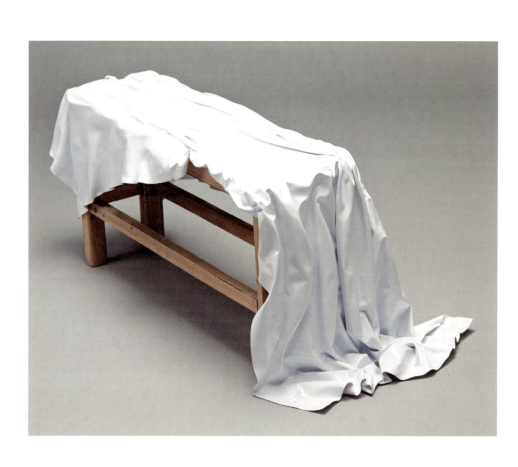

褶皱,综合材料(主要材料为聚酯纤维)　2015

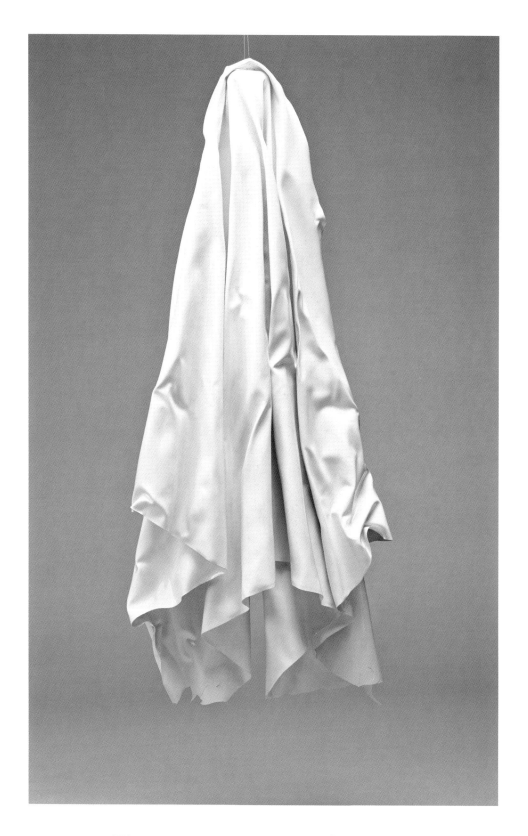

褶皱，综合材料（主要材料为聚酯纤维） 2015

褶皱,综合材料(主要材料为聚酯纤维)　2015

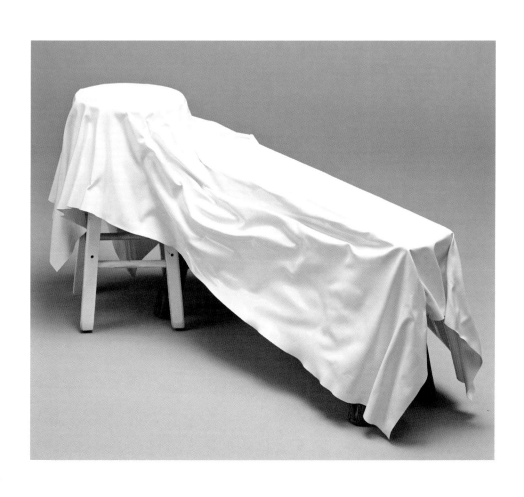

褶皱，综合材料（主要材料为聚酯纤维） 2015

褶皱，综合材料（主要材料为聚酯纤维） 2015

江南无界

2015—2021

教育者
——我理解的时尚和我教授的时尚

剩余价值
——服装设计与时尚产业

卢麃麃

    剩余价值包含两种意义,一种是言人所创造的价值状况,另一种则是言物品本身的价值状况,名同而实异。这里提到的剩余价值的含义,是从价值的载体而言,是与"已用价值"相对的概念,指物品经利用后所剩余的价值。

    在时尚产业中,"有用物"与"无用物"的界限十分清晰,"无用物"所产生的价值,即此次所定义的剩余价值,非常惊人。我们希望通过本系列作品,重新审视"有用物"与"无用物"的价值与范畴,利用时尚产业的剩余价值,创造出新价值,甚至超越原有价值。

    关于本系列选择十二套西装外套作为载体的原因:西装拥有最为繁复的工艺要求和程序,恰好为"无用物"体现新价值提供载体;事物往往含原有价值与剩余价值,以西装为载体恰可体现出对"有用"及"无用"的深层思考。

剩余价值，综合材料　2019

剩余价值，综合材料　2019

剩余价值,综合材料 2019

剩余价值，综合材料　2019

剩余价值，综合材料　2019

剩余价值，综合材料　2019

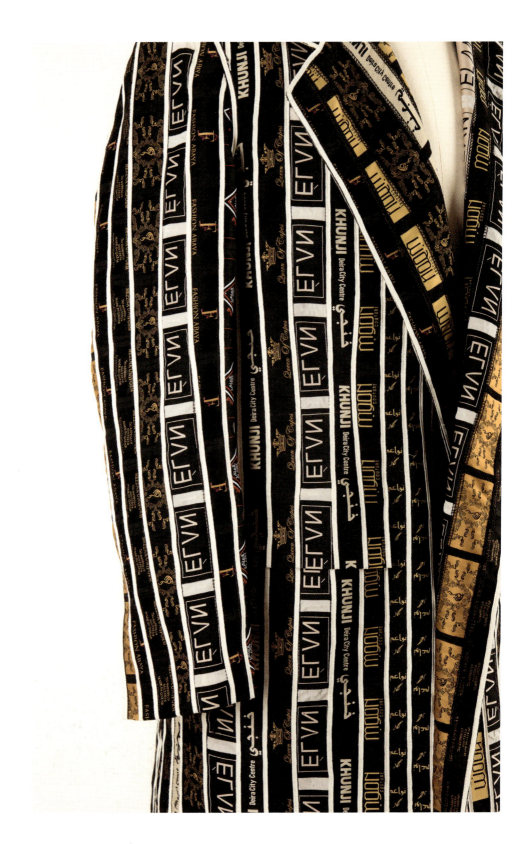

剩余价值，综合材料　2019

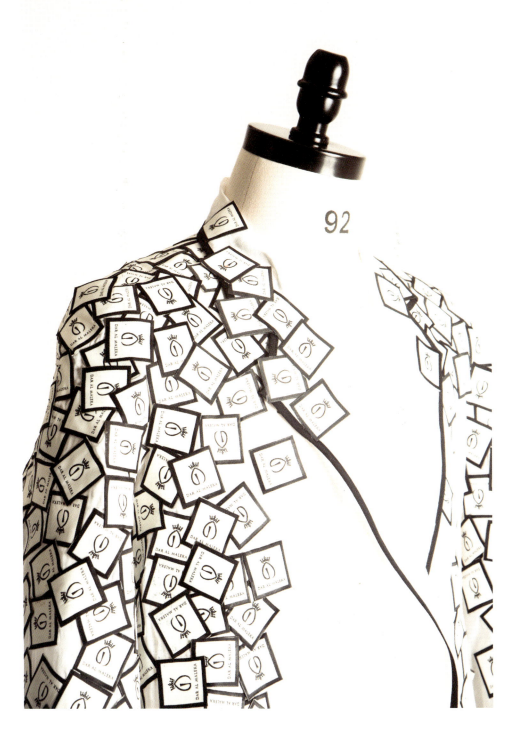

剩余价值,综合材料　2019

一块布的迷宫
——从零开始的结构

卢麃麃

这是一个教学示范式作品,由王桦、王莹、何继丹和我共同完成。《一块布的迷宫》是一场关于服装结构的游戏:以常规幅宽数值来设定一块平面材料,寻求在造型结构上无尽的变化、异于常规的创作方式及结果。该主题由三组互相关联又相对独立的作品系列组成。第一组《刺绣服装画》,是该系列服装制作的"操作指南",力求以极简线造型传达服装结构,以简洁明了的表现方式为索引,使得普通的非专业人士能够读懂并按图所示完成作品或者设计。第二组《纸塑》,是以 144 厘米 ×114 厘米为尺寸的杜邦纸,经由设定好的极简结构线,通过切割、折叠、揉捏、挤压等手法,塑造立体服装。第三组《创新材料服装》,既可以是传统意义的纺织材料,也可以是反传统的直至颠覆性的材料,例如纸张、皮革、木材、金属、食材等,在工艺引导下所能呈现的服装形态。换言之,当代服装更多涉及对材料的研究,零工艺直至烦琐工艺同样可以达成既定造型,这个系列带有实验性以及观众的参与性。

《一块布的迷宫》是对平面结构的一种新思考及探索,对于"简单－复杂"的操作方式的一种实验:服装结构的极简化,引导服装制作及生产环节上的极简化,进而减少浪费直至零浪费;提供模板,通过不同人处理同一模板的方式及结果,让任何人都被允许参与设计,任何人都能够驾驭制作,形成人人可为的创作,回归设计的本源。本次研究从简单造型出发,给设计者及参与者同时提出一个问题(方向),不同人会有不同观感、理解及表达方式,由此产生作品的多样性及可变性。

一块布的迷宫 2018

一块布的迷宫完整作品构成　2018

一块布的迷宫·刺绣服装画　2018

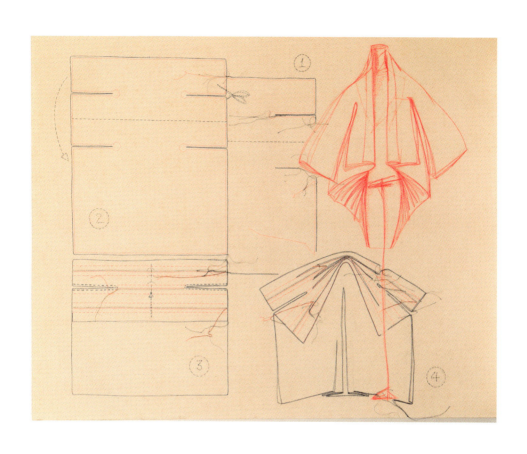

一块布的迷宫·纸塑　2018

一块布的迷宫·纸塑 2018

一块布的迷宫・纸塑　2018

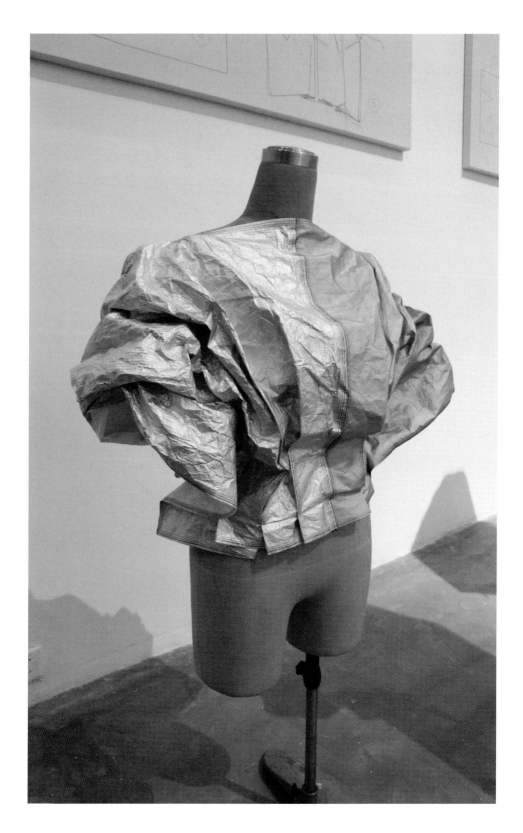

一块布的迷宫·纸塑,杜邦纸 2018

一块布的迷宫·纸塑、蕾丝、真丝　2018

物是人非
——当代语境下的传统

我是潮汕人,在我记忆中传统文化是很美好的。潮汕地区有非常繁复的祭拜礼仪,我在潮州调研期间见到的刺绣精品大都是祭拜用品。面对古人给我们留下的这些东西,我们要如何对待?这组作品将传统潮绣作品《郭子仪拜寿》画面中人物抽走,只留下了景和物,表达了对过去生活的想象。

作品采用了电脑绣花工艺制作而成,借此讨论传统手工艺的活化以及民间艺术运用新技术所呈现的新形式。

物是人非,综合材料 2021

物是人非,综合材料 2021

上图：根据下图提取元素设计电脑绣花
下图：潮绣作品《郭子仪拜寿图》（局部）

上图：根据下图提取元素设计电脑绣花
下图：潮绣作品《郭子仪拜寿图》（局部）

艺术，或给你意外的人生
——卢麃麃答葛芳问

葛芳
广州美术学院品牌时尚中心教师
南京艺术学院博士

葛芳
以下简称葛

这么多年,您一直低调地隐匿于作品之后,游离于主流之外,鲜少出现在公众面前,是什么动机或者说是什么原因激发了您办这样一场个展?

卢麃麃
以下简称卢

我一直在做作品,至于这些作品用来干吗并没有想过。我并没有定位于自己是个艺术家,更谈不上职业艺术家。我的身份比较多样,做过商业也做过艺术,个人认为更重要的身份是个老师,除此之外,设计师似乎更适合我。我的初衷一直在做设计,对当代艺术缺乏了解,对于圈里发生的事情也没有了解的欲望。我的作品更多的是看自己的生活,说自己的那点事儿,大部分都是与周围的人、自己的家庭生活有关系,不太关心与艺术无关的事情。

这个展览一直到近期才开始准备。很多人会说我一直坚持在做东西,其实这是我的日常,就是这样没有任何目的地在做作品,也没有想过要做个展览。有一天策展人突然发现我的作品还蛮适合做一个展览的,恰好这几年的生活遭遇也让我有不少的话想说,所以这也算是命运的安排。你开始说的"低调",其实我并没有什么刻意,只是每天在做东西而已,我喜欢这种创作状态。我妈妈今年九十多岁了,近些年每天给所有的家里人织袜子,而且每一双的配色都不一样,她说要在走之前把我们这辈子穿的袜子都织完。其实她织的毛线袜子在南方并不适合穿的,但每次去看她,她就拿一双塞进我的包里,一直拿一直拿,存了一堆,最后成了很庞大的作品。所以,很多行为是基因里的,我的创作习惯可能和这些基因有关,并不是刻意的,而是自然而然的,如果不做这些,就太无聊了。

葛

每个艺术家对于自身比较个人化的创作语言,都有过不断探索与思考的过程。这个过程是非常茫然又漫长的，兴趣点也经常会不停转向，最终在某个阶段形成自己独特的风格，能否谈谈您有过这样的阶段吗？不同阶段的作品背后有什么故事吗？

卢　从创作手法上而言，我做作品的手段还挺简单的。最早的作品都是和服装有关的设计，现在回看自己的作品，我一直在尝试用服装设计的手法做其他的东西，比如给椅子做表皮，用线来缝织，做织物的肌理、材料的肌理，方法都很简单，只是借用服装的形式来表达而已。有朋友说我是真的用服装来做艺术的，最重要的是还可穿，这似乎和其他的当代艺术家不同。

我的作品多数与情感的表达有关，这也是许多艺术家感兴趣的内容，比如关于记忆的、感情的、家庭的内容。不过，近些年我开始尝试关注一些其他的主题。比如《剩余价值》是我们教学团队的系列作品，也是我将视角从个人向社会转移的作品，虽然最终我们也没有讲得特别清楚，但是开始讨论社会问题也是我创作上的一个转变。之前我的一些个人作品，尤其是情感方面的，很容易被理解，但当你转到更大叙事的时候，会发现并不容易。这个系列作品想表达的除了表层的可持续的主题之外，还有不被重视的更深层的价值。对于时尚行业，我们看见的只是前面最光鲜的部分，设计师、品牌、模特、广告这些光鲜亮丽的表象，其实时尚背后有非常不堪的一面。这和电影行业很像，电影开场时我们在宽大的屏幕上能看到导演的名字，结束时的字幕里还会有灯光、服装、编剧等幕后人员的名字一闪而过，整个观影过程是有些仪式感的。而时尚行业连这个基本的仪式都没有，这个行业有非常庞大的产业链条，背后有大量的工人，织布的、缝纫的、熨烫的，显然他们是被隐藏与忽视的一群人，那么，他们的价值如何体现？他们无疑是非常重要的，否则这些衣服根本做不出来，而他们的价值是完全无法被看见的。

所以，我想传达的观点是，在服装设计行业中你不可能一开始就做很厉害的设计师，大量的人要做基础工作，那你的工作有没有价值？我做服装设计三十年了，这辈子也就做过一次个人秀，幸运的是我的时代还不错，曾经还能被看见。我儿子也是做服装设计的，我会告诉他可能一辈子都不被看见，结果他问我：做什么不是呢？服装是，建筑是，电影也是，大多数人都是不被看见的。

《一块布的迷宫》是对今天高校服装教学中的思考，它究竟有什么用？目前的服装结构教学基础来源于西方，把服装拆解成一块块的裁片，再组合成一个三维的立体空间，这个逻辑本身是非常西方的。为了理解这个严密的结构，我们花很多时间让学生理解空间、人体、平面，如何把一个立体的东西拆解成很多的平面，这些都是西方的产物。但是我们东方的衣服，无论是中国、日本、韩国，甚至越南，服装都是平面的结构。比如旗袍，看起来那么优雅完美地勾勒出女性的身材，但它依旧是一个平面，没有立体结构，我们叫平裁。虽然简单但依旧能够展现女性优美的身体，我们花了那么多年去教授他们技术，但学会了技术后，能否忘掉这些技术，回归到一个东方的逻辑里面去，重新审视东方的智慧是如何看待身体的，这是我们在这个系列作品中想要传达的观点。

葛 是的，我们经常说"服装就是立体的雕塑"，以身体为核心去体现丰富的空间和造型，这个概念就是西方的。从人体自身而言，这种立体的结构方式会更具有功能性一些，因为它考虑了人体更多的动作和行为。但是，如果仔细去研究东方箱型基础

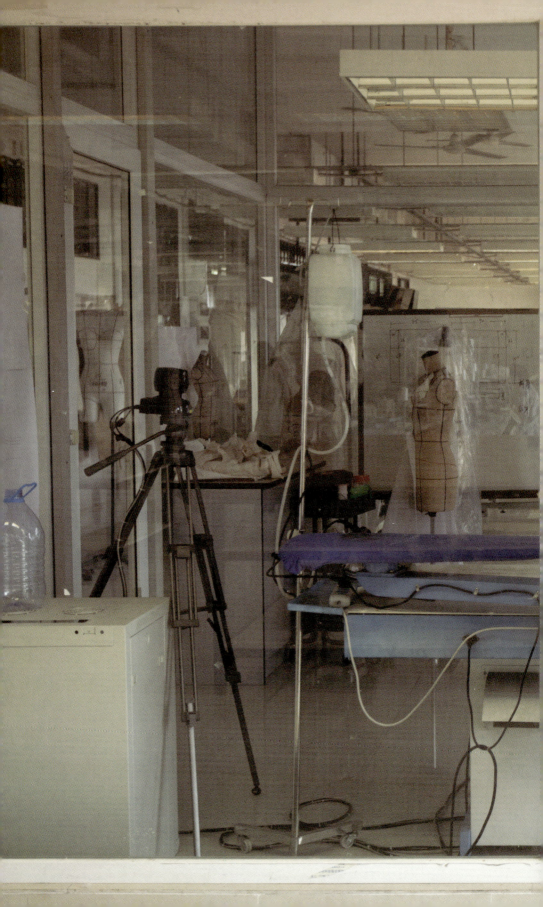

的服装结构，它一样考虑了许多的人体功能，包括打褶的方式、裁剪的手法，只是这种裁剪方式在今天被很多人忽略了，不再去系统地学习它，所以很可惜。

卢　东方的这种裁剪与制衣方式，更宽泛也更自由。就像中国的水墨画，最简单的白纸、黑墨，却可以承载表达出非常复杂的视觉效果，这就是东方朴素的哲学智慧。面对成千上万个不同的身体，化繁为简，用最简单的裁剪方式适应每个人。回到《一块布的迷宫》，它具有非常传统的限定，由于纺织工艺的限制，一块布的宽度与长度和纸张一样是固定的。你受制于这样的限定中，用最简单的裁剪方式，一刀剪下去，通过折叠、移位等方法，即使没学过专业知识的人也可以做服装，我把它叫作"技术归零"的服装结构。在服装设计领域中，我们一直以西方的时尚为楷模，确定不疑地往前走，现在是否有必要停下来转头回望一下来处，这可能反而是最有价值的。中国有句古话叫"四两拨千斤"，用最少的力，去撼动看似巨大坚不可摧的东西。这两件作品让我尝试离开个人化的生活，去关注更大范围内的东西，我想以后还是会继续探讨这类问题。我还是一个挺有使命感的教育者，想通过教育去探讨两代人之间的不同看法，以一个上一辈人的视角去观察年轻人所看见的，而我们却无法看见的东西。

葛　我看您有很多收藏品，面料、服装、瓷器、家具等，好像欧洲的和日本的都有，能谈谈这些收藏与您的创作之间有什么关联吗？这种带有情感的"旧物"与时尚内核里所追求的"永恒的新"之间，是否在您这里有某种奇妙的联结？

卢 这也是个我挺感兴趣的话题。我收藏旧物,最初是因为感动于古代的人与今天的人对"物"的理解是不一样的,这可以从一些细节的发现里看出来。我曾经买过一个日本做和服的工具箱,里面有一个小的插针器,因为有点旧就想把它拆下来重新做个包装,打开后发现里面都是头发,几百年这么老的东西,当把针拿下来的时候还是崭新的。我想所以会用头发,应该是从实用角度考虑的,针用完后插入里面不会生锈,这是古人的智慧,对"物"的一种利用方式。头发本身剪下来是无用的,但古人把它变成有用的东西。从另一个角度来看,这也是因为古人对自己身体的珍视,才会把掉下来的头发收集起来单独放一格。我拆开来后换了表层的布,把头发还是原样包了回去。

这种情况不止东方会有,西方也一样。我曾经买过一把欧洲的旧椅子,拆开来后发现椅垫里都是毛发,掺杂着不同发色和粗细的毛发,有好几层。那些粗的应该是马鬃之类的动物毛发,另外一层细点的全部都是头发。以前的家具都是订制的,所以这些应该是收来的。这两个老的物件,让我感觉古人对于"物"的理解和今天很不一样。今天我们打开沙发只能看到海绵、木棍、弹簧、钢丝,不会对你有任何触动,可是,如果你打开看到几百年前的和你没有任何关系的人的头发,就这么放在你家里,拿在手上,那种感触是很奇妙的。收集古物的时候,我经常会想一个事儿,比如一把椅子和一个柜子,几百年前它的主人是谁?当时它被放在什么样的空间里?它为什么会出现在我家里?这里面充满了各种想象和神秘感。当然,面对纺织品和衣服时,更会想象这些与人之间的关系。比如衣服,一定曾经穿在某个人身上,你会对曾经穿它的人的身材、样貌有更多的想象。看纺织品时,也一定会想象它与女性有关系,过去织布的一般都是女的,你头脑中会出现更多的画面感,这么美丽的织物这个人究竟是怎么做到的，面对其中的一个绣花你会想象她用的什么技术，用哪种染料能染出这个颜色，这也让你对另一个时代的女性充满了想象。

对古物我更多地会把它看作一个有灵魂的"见证者"，是有生命的东西。每一个东西都有属于它的独特路径，这个路径就是它的生命。经过几百年后，它来到了我的家里并和我的生命产生联系；或许某天我离开了，它还在，并且还将去到新的地方；我也不知道它去向哪里，它自有它的命运，只是和我在某个节点上有了交集，我们的命运只是短暂地交汇了一下而已。其实我们和家人的关系与这些物的命运都是一样的，都只是一段时间的交汇和陪伴，然后各自分开。那些你生命中遇到过的物品与你的交集是一种缘分，它一定是有某些东西吸引了你。当然，每个人的成长经历不同，对于收藏古物的感受也是不一样的。比如刚才说到的头发，有人会觉得是很可怕的东西，你会和死去的人有个无声的交流和对话。我是比较相信人是有因果的，

就收藏而言，一个不太坏的人多数是比较幸运的。

和我父母那代人相比，我们是幸运的，可以满世界跑去看去买，可以收藏欧洲的或者日本的东西，而他们只能收藏中国的，对另一种文化是缺乏理解和想象的。我每次去国外最先去的就是博物馆，你可以在里面看到这个地方最好的东西，或者去跳蚤市场收藏一些民间的东西，往往更有趣。博物馆带给人最大的快乐就是想象，看这些你的脑子里是不停在放画面的，借着物品把不同时空的人联系在了一起。有时和朋友去博物馆看展览，同一件藏品我们会因看法的不同发生争执，每个人都可以根据自己的想象来编织故事，人人都认为自己是对的。古物最大的魅力就是它的不确定性。最近几年最大的感触是去敦煌，这种对远古的想象是非常神奇和有吸引力的，看着那些石窟我觉得离太空更近了一点，突然明白我为什么这么喜欢收藏，它让我感觉来到了另一个时空，人会变得有种超脱感，游离于真实的生活之外。

葛 我们都习惯把现在这个时期称为"后疫情时代"，主要是疫情的发生对每个人都产生了很大的影响，疫情前后我们的生活状态都不自觉地发生了改变。能谈谈疫情防控期间您的创作状态吗？疫情的发生对您的生活与创作又有了什么影响？

卢 疫情对我来说，还是有蛮大影响的。2019年疫情刚发生时我在荷兰，去看儿子，当时我们还讨论了要不要就躲在荷兰，那时感觉国内很可怕，但思考过后我决定还是改签机票回国。主要是觉得如果长期在国外待着的话，会无事可做，这种感觉会更糟糕，还是希望回到熟悉的可以做些事情的地方。中途经过香港机场的时候，非常真实地感受到了世界末日的感觉，机场混乱不堪，老外都戴着防毒面具，整个机场是完全失控的，这是生长在和平年代的人从没遇见过的景象，也让我第一次对生命和社会的变动与无序有了直观的感受。从 2019 年到现在，这三年的时间感觉被吃掉了一块，原来想见的人可能再也见不到了，想做的事情可能也做不了了，整个社会变得面目全非，这么讲可能会觉得有点言过其实，但的确是这样。前几天因为展览的原因打算去趟苏州，原本这么简单的事情因为疫情最终也不得不取消了。

应该说，疫情让每个人都有了重新审视自我和周遭的机会。疫情让我与周围人的关系、与亲人的关系有了很大变化，往大里说，整个人的价值观、生死观、对人生未来的规划都会有不一样的改变，很多事情会变得难以确定。有些事情和人会变得很荒诞，几十年的相处，会有一些特别难以理解的东西，包括他人的行为与思考方式。现在我会慢慢学着去理解，既然发生的事情就是合理的，你再接受不了，觉得愤怒、抗拒、委屈、不公平，还是要学会接受。回想一下，这几年我也没有什么新作品出来，几年时间就这么过去了。所以，对于这次的展览我内心还是蛮感激的，像按下了重启键，它可能是新的开始，是对原来状态的结束。

葛　您做艺术这么长时间，一路走来有没有对您影响比较大的服装设计师或者艺术家？

卢　20 世纪 80 年代我刚进入服装领域时，几乎没什么偶像可言，服装设计师就知道两位：皮尔·卡丹和伊夫·圣罗兰。但是，那时广州在海珠广场那里可以买到一些旧杂志，就是那种进口的杂志，还是论斤称的，我的缝纫裁剪技术也都是从日本家庭妇女杂志自学来的。杂志的最后几页会有日本的服装设计大赛介绍，主要针对院校和服装设计师。有意思的是，在这里面我关注到了一个同龄的年轻人，他大学毕业我也毕业，有些作品和我很像，我们差不多同时在做一样的事情，他叫高桥盾。之后，我才有机会去了解服装史上经常提到的那些人。去国外看他们的作品的时候，开始慢慢梳理和理解这些人。了解最多的还是高桥盾的动态，我一路都在关注他的成长，比如他的作品某个时候在比赛中被提名之类的，这些年又做了什么。我对他的作品很熟悉，特别想知道在世界上的另一个地方，有一个和我一样在成长的年轻人，虽然他现在也蛮厉害了。后来还去过他的老家群马县，我有点理解现在的年轻人追星，我好像也有这么一点，那是种很奇怪的想象，我一辈子只关注了这一个人。对于高桥盾的关注，并不是因为他的作品有多么好，有多么优秀，我更关心的是他如何逐渐变成他自己的。他早期的作品有点像川久保玲，某种意义上他是我的参照。在日本有一次看到他的作品，就毫不犹豫地买下来了，后来遇见又陆陆续续地买了好几件。我极少买其他设计师的作品，但他是个例外，这多少有点追星情结下友情购买的意思。

至于西方服装设计师，我虽然也觉得厉害，但文化背景不一样的隔阂让我很难理解他们的语境，很多我读不懂。而川久保玲、高田贤三、三宅一生这类的日本设计师，某种程度上是被西化了的服装设计师，是被西方选择了的东方服装设计师，他们之所以成功是因为能够把东方的审美用对方的语言翻译给西方。

葛 不管承认与否，今天我们看到，这种情况仍然没有发生改变，时尚的话语权确实还是在西方。而真正东方的东西，比如我们的二胡、笛子、古琴、古筝这类最具代表性的东方乐器，就只能奏出东方的音乐，我们非要西方去真正了解弄个明白，对于他们而言或许很难。之所以西方有些东方的音乐，比如《梁祝》之类的曲子，也是用小提琴、钢琴这种西方人熟悉且能听懂的乐器，用西方的语言来传达它。所以，我有时在想，即使在人类两千年后的今天，寄希望于东西方文明更深层的交流与彼此之间的相互理解，是否仍然是种奢望。西方人仍然顽固地保持着高高在上的姿态，对东方文化如此，对东方的服装体系当然也不会例外。

卢 我最近也在想这个事情。我们这一代很多人会把孩子送去国外学习，我们本来希望他们去西方讲东方故事，但是他们回来后还是在给我们讲西方故事。所以，就我们国家的服装设计师而言，还没有找到真正能传递自己的文化并且被普遍认可的，那种值得崇拜的人依旧很难看到。

葛 作为一个女性，不论自觉与否经常会被列入女性艺术家之列，这源于作品中所流露出的女性视角，女性独特的对世界、对当下社会的观察与感悟方式。就女性艺术家这个身份您能否谈谈一些自我的感受？

卢 前几天还和朋友聊过这个话题。女性主义在西方是政治正确的产物，甚至可以说已经成为被一些人利用的对象。就个人而言，我以为一个人的身体决定了她思考问题的方式，除了是个女性之外我并不太会去在意这个问题。当然，我们所说的女性主义是站在男人的视角所得到的词，很多人会说今天仍然是个男权社会，女性会受到一些不公平的对待，这也是确实存在的。但同时我们能看到，它也在被一些人所利用并切实带来一定的好处，所以女性主义是把双刃剑，就像任何事情都会有两面性。作为女性，我在做作品的时候，肯定会更偏感性一些，有时也会觉得感性也有自己的力量，很多时候那些看似温柔又柔软的东西反而更有韧性。虽然我并不认为自己和女性主义有太多关联，但我的作品既要给男人也要给女人看，我仍然希望男性知道女性是如何思考和表达的，这也是我想要得到的。

比如，这次我的作品《玫瑰就是玫瑰》，作品名字来源于一位外国人讲过的一句话：玫瑰就是玫瑰。我想说的是，你就是你，你的遭遇让你对这个世界有自己的判断和表达。之所以当时选择服装这种形式，是因为和我妈妈的一件旗袍很像，如果非要强调她们之间关系的话，我觉得玫瑰和旗袍两个都是女人的符号，也是无须解释大家都能明白的，这种传递和表达也是一种非常个人的方式，这应该就是我对于女人与女性主义的理解吧。

葛 您具有艺术家和教育工作者的双重身份，对于这二者之间的关系，您是如何平衡的？相互之间又是如何促进并且互为影响的？对于未来时尚领域内年轻的艺术家们，您有什么建议和想说的话吗？

卢 说到双重身份，其实从开始教学到现在，我一直不止一种身份，我也很难让自己只做一件事情。年轻时候觉得只要有一份工作养活自己就行了，后来觉得还要再加一句：做自己喜欢做的事。这或许也是缺乏安全感的表现。从毕业开始，我就一直是个教育者，也逐渐适应了这种身份。对于高校的设计教育现状，我认为今天的高校教师太脱离产业，也缺乏实战的经验，只在高校练兵是没有意义的。社会和高校是不同的，尤其是设计专业必须和社会有紧密的合作，和资本、和真实的现实世界发生关联，而这些都是目前的高校无法给予的。学校只教学生创意和思想方面的设计教育，与实际需求是脱钩的，这也是导致今天的高校滞后于社会的原因。幸运的是，我曾经和市场有过交集，可以和学生聊得更深入一些，虽然今天的市场与我当时的市场可能并不相同，但过去的经历使我对服装行业乃至社会是有敬畏的，我并不认为学校就高高在上，只是墙内墙外所处位置不同而已。

这么多年我一直在带研究生和本科生，带本科生偏技术和创新的思维训练，和研究生接触得更多一些。我觉得最好的教育，不是我教你做什么怎么做，而是做给你看，你看到了什么就学到什么。我在做服装的过程中，许多研究生会看用了什么方法，每个人看到的都不同，并且学去了。我并不要求他们具体去做什么，因为每个人是不同的，只是过段时间去看一下并评判一下他们的工作。我一直说"教"与"学"就像是下棋的关系，我们相约在一起下盘棋，你在和我下棋的过程中，我走一步你走一步，大家互相成就。如果距离太远，那这盘棋总有一方是下得不愉快的。这是我所理解的学生和老师的关系，也是我对教育的看法，包括我对家庭的教育也一样。如何做父母？我的经验，你有你的缺点，孩子有孩子的缺点，双方都知道大家的弱点在哪里，但家长不是教，而是做给孩子看。很多时候，我觉得要学会不要隐藏，你的价值观、对待生活的态度、如何管理自己的情绪，好的不好的都真实地呈现出来，很真实地做你自己，虽然可能和你的人设是不同的，可是孩子读到的就是那个你。很多道德的教育、专业的教育、日常生活中为人处世的处理，你做就好，甚至不用评判，小孩会看见的。这样看，做父母更难一些，某种意义上父母是孩子终生的教育者。

这和我在学校中也一样，我会把我的专业、对行业的态度，通过作品和讨论呈现给学生，把我的观点和想法说给他们听，他们自然会选择他们想要的部分再去深挖，再次带着问题回来和我继续聊他们所听到和看到的。这一来一回不存在教，是一个互相学习的交换式的教学。我从他们身上得到我想要的，他们从我身上得到他们想要的，这个过程通常是愉快的；如果不愉快的话，这个交换不可能达成。再往大里说，人与人的关系大都是这样的，朋友之间、夫妻之间没什么不同，如果有一方只索取不输出也不能进行下去。朋友也是，你是不是能将你的智慧、情感传达给对方，让对方获得快感；如果有一天别人觉得无趣了，你就激发不了别人了，这个关系就中断了。和孩子更加是，这是一个永久的无法中断的关系，是所有关系中最难的，你们之间有一出演到老的大戏。

江南无界

2022

我们各人住在各人的衣服里

玫瑰是玫瑰

卢麀麀

作品名借用了美国诗人格特鲁德·斯坦因的一句诗。我想通过这个作品表达"玫瑰是玫瑰,我即是我",各人的经历造就了各人看待世界角度和情感表达。在苏州丝绸博物馆馆藏的旗袍中我一眼便看见了那件长满玫瑰的旗袍,它同记忆中母亲留给我的旗袍有着相近的模样,于是我便决定将它当成我与博物馆之间的连接点。悬空的旗袍与椅子之间,通过垂线和融化的玫瑰图案连接构成一种关系,使记忆与情感、传统与当代不断纠缠。

玫瑰是玫瑰，纱线、椅子 2022

玫瑰是玫瑰・旗袍 2022

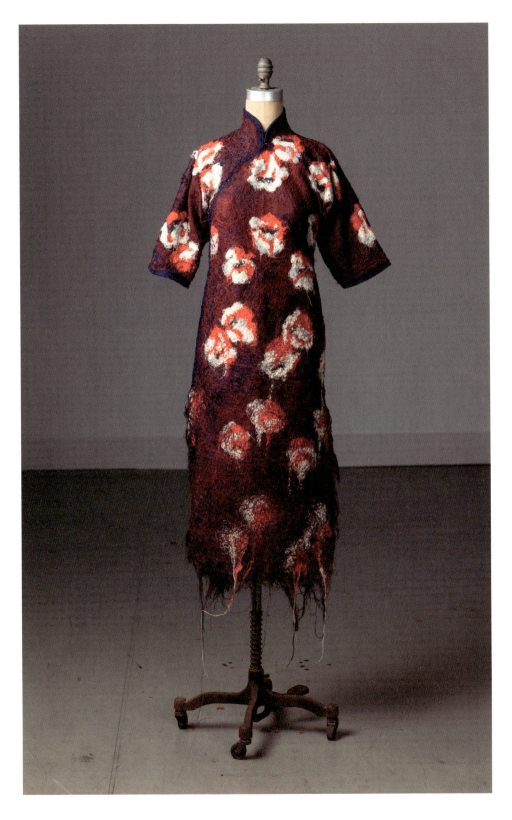

玫瑰是玫瑰·旗袍,纱线、椅子 2022

玫瑰是玫瑰·沙发 2022

玫瑰是玫瑰·沙发，纱线、椅子 2022

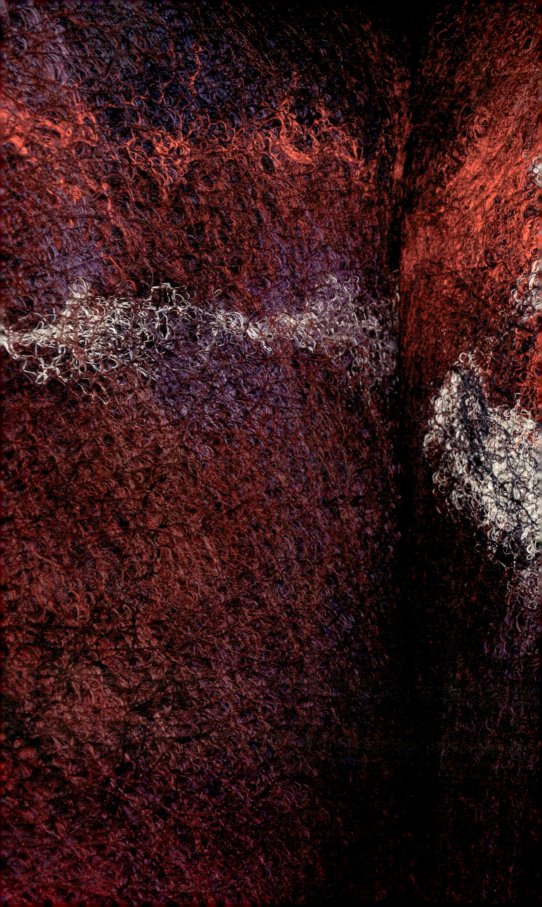

卢麃麃简历与大事记

卢麃麃，现任广州美术学院工业设计学院时尚中心主任，副教授，硕士生导师。

多年来一直从事服装、首饰、家具等多个设计领域的设计和当代艺术创作，用作品来探讨艺术与设计相互融合渗透的新的可能性。作品曾受邀参加北京首届国际设计三年展、上海设计展等重要的展览。曾在中国、法国举办个人作品展。

1991
开始从事服装及首饰的设计和创作

1998
创办"跑跑时装设计工作室"

1999
组建以 POPO（跑跑）命名的女装时装品牌

2004
举办"INTERIEUR/EXTERIEUR（由表及里）"时装作品展，法国巴黎

2008
陶瓷作品《记忆》参加中、日、韩陶瓷交流展，佛山
"广东主义"：当代艺术展，广州、香港

2009
服装设计作品《一根线》、陶瓷作品《记忆·瓷衣》、《记忆·布与玫瑰》入选第十一届全国美展，北京

2009—2010
"用不用"设计双人展，广州、深圳

2011
Rabbit Duck 设计作品双人展，香港
首届北京国际设计三年展，北京

2013
"不自然"设计展，广州、深圳、香港
"身体使用说明书"设计展，广州
作品《每一个物体都是有生命的》获 2013 上海艺术设计展银奖

2014
"断面":当代艺术展,匈牙利埃格尔

2015
"设计之变":上海设计双年展,上海

2016
"新物种设计"展,深圳

2017
"物是人为":考工、立异和斜出展,广州
"风":韩、中、日创作工作坊展,韩国康津郡
日本中之条艺术双年展,日本群马县

2018
"另一种设计"展,深圳

2019
"无界之归":第三届国际纤维艺术三年展,杭州
"新的旧物":处于传统与革新张力关系中的设计展,广州
"新物志":中国当代陶瓷作品展,广州
首届可穿戴艺术展,武汉

2020
"新传统的再发明":作为灵感、遗产和生产的区域民间美术展,广州

满纸荒唐言,

一把辛酸泪。

都云作者痴,

谁解其中味?

编委会

主　　　编	钱兆悦　黄　晨　范奕蓉
副 主 编	沈　洁　朱　艳　陈奕通　王腾飞
执 行 主 编	陈琰璐
特 约 编 辑	张剑锋　许　梦　马　亮　朱益萌
展览总策划	钱兆悦
策 展 人	陈琰璐
展 览 顾 问	周　峰　周潘晨　郭彬雪
展 览 协 调	王立群
展 览 设 计	刘迟静　濮亿一
展 品 管 理	张国华　崔　粲
社 教 活 动	陈　洁　祖　岳
摄　　　影	莫剑毅

展览主办单位
苏州丝绸博物馆
南京市博物总馆（江宁织造博物馆）
上海电影博物馆

展览支持单位
苏州博物馆
苏州市工商档案管理中心
FM 104.8 苏州交通广播
丝执（苏州）文化发展有限公司

何以梦红楼

江南运河上的文学、影像与丝绸

苏州丝绸博物馆　编

苏州大学出版社

图书在版编目（CIP）数据

何以梦红楼：江南运河上的文学、影像与丝绸 / 钱兆悦，黄晨，范奕蓉主编；苏州丝绸博物馆编. —— 苏州：苏州大学出版社，2022.12
（无界江南）
ISBN 978-7-5672-4210-4

Ⅰ.①何… Ⅱ.①钱… ②黄… ③范… ④苏… Ⅲ.①苏州织造局—史料 Ⅳ.①K295.3

中国版本图书馆CIP数据核字（2022）第249664号

无界江南
Wujie Jiangnan

何以梦红楼：江南运河上的文学、影像与丝绸
Heyi Meng Honglou:Jiangnan Yunhe Shang De Wenxue、Yingxiang Yu Sichou

编　　者	苏州丝绸博物馆
责任编辑	倪浩文
出版发行	苏州大学出版社（Soochow University Press）
社　　址	苏州市十梓街1号　邮编：215006
印　　刷	苏州市越洋印刷有限公司
邮购热线	0512-67480030
销售热线	0512-67481020
开　　本	700×1000　1/16
印　　张	22.5（共三册）
字　　数	253千
版　　次	2022年12月第1版
印　　次	2022年12月第1次印刷
书　　号	ISBN 978-7-5672-4210-4
定　　价	258.00元（共三册）

凡购本社图书发现印装错误，请与本社联系调换。服务热线：0512-67481020

前言

　　《红楼梦》是中国古典文学巨著，不仅仅写了宝黛的爱情悲剧、贾府的荣辱兴衰，还细致描摹了社会百态，堪称包罗万象。读懂《红楼梦》，还须从了解曹雪芹的家族背景开始。曹雪芹的家族三代历任江宁织造，他在织造府的家族背景下，耳濡目染了诗礼簪缨之族的精神风貌与生活方式，加上由盛而衰的非凡际遇，使之对各色人等、荣衰况味都有贴近深切的观察体悟，也使得其对人物的塑造格外细腻真实。单论人物的服饰形象，所提及的着装式样、纹饰色彩、织绣工艺都巨细靡遗，令人感觉就在眼前，也为诠释《红楼梦》提供了可靠的参考方向。苏州丝绸博物馆的"何以梦红楼"展，第一单元"衣香鬓影"便是从服饰切入，展示与原著相近纹饰、工艺、形制的丝绸服饰，以及江宁织造、苏州织造所织缎匹，再现曹公笔下高雅奢华的贵族生活，展现清代江南丝织业的锦绣繁荣。

　　对《红楼梦》的研读与探究，自清中期以来便已蓬勃发展，著述丰硕的专家学者不胜枚举，以《红楼梦》为题材创作的绘画、戏曲、影视作品等更是层出不穷。第二单元"撷光拾影"，即是展出与之相关的实物资料，展现不同时期的创作者对《红楼梦》的解读与演绎，也见证了一代又一代人对其持久而深刻的热爱。

　　此次展览由苏州丝绸博物馆、南京市博物总馆（江宁织造博物馆）、上海电影博物馆联合主办，希望借此作为津梁，让名著里的文字、博物馆里的丝绸与荧幕上的影像联结起来，共同讲述江南运河上的丝路故事，也祝愿未尽的红楼遗梦在当代江南精彩延续。

目录
Contents

第一单元　衣香鬓影

- 002　一　如见如闻
- 004　　　织金
- 008　　　百蝶穿花
- 010　　　缂丝

- 014　二　各极其妙

- 030　三　龙驹凤雏
- 032　　　蟒袍
- 034　　　箭袖

- 036　四　踏雪寻梅

048	五　妙绪缤纷
050	西洋呢绒
052	孔雀羽
054	六　薄如轻烟
062	七　文雅富丽
072	八　随笔成趣
074	江南三织造

第二单元　撷光拾影

082	绘画
084	招贴画
089	越剧电影《红楼梦》
090	1987版《红楼梦》剧装设计

南京，世界文学之都，用文字书写着《红楼梦》的永恒经典。上海，世界设计之都，用影像勾勒着跨越时空的视觉艺术。苏州，世界手工艺和民间艺术之都，用丝绸编织着江南生活美学。

　　《红楼梦》博大精深，在当代继续着旺盛活力，由之衍生出文学、影视、丝绸、音乐、档案、剧装、妆造、舞台艺术等各种载体，让我们一起来探索经典名著更多的打开方式吧！

苏州丝绸博物馆

第一单元　衣香鬓影

　　《红楼梦》是一部包罗万象的文学巨著,其涉猎之广,前所未有。曹雪芹以绘声绘影之笔,借服饰细节刻画个性鲜明的人物形象。一应服饰形制、面料工艺、纹饰色彩多有实物可考,堪称清代服饰文化大观。

一
如见如闻

第三回
王熙凤初登场

试问诸公，从来小说中，可有写形追像至此者？

这个人打扮与众姊妹不同，彩绣辉煌，恍如神妃仙子。头上戴着金丝八宝攒珠髻，绾着朝阳五凤挂珠钗，项上戴着赤金盘螭璎珞圈，裙边系着豆绿宫绦、双衡比目玫瑰佩，身上穿着缕金百蝶穿花大红洋缎窄褃袄，外罩五彩刻丝石青银鼠褂，下着翡翠撒花洋绉裙。一双丹凤三角眼，两弯柳叶吊梢眉，身量苗条，体格风骚。粉面含春威不露，丹唇未启笑先闻。

织金

织金工艺是指以一组片金线或捻金线作为纬线,以不同的组织形式织入织物,显示金色纹样或作金色地的工艺手法。织金织物,既有地部或花纹全部用金线或银线织出的,也有按照图案色块局部织成的,外观华丽高贵。

石青缎地二龙戏珠双凤团花纹织金锦对襟女褂

【清】衣长108厘米,通袖长146厘米
苏州丝绸博物馆藏

此石青色女褂为直身式,圆领、对襟、平袖,袖端饰天青色刺绣挽袖,左右两侧开裾。领口、门襟镶饰织金锦边饰,衣身面料织金团龙、双凤地景等纹样,图案富贵庄重,布局对称,配色沉稳素雅。整件女褂彰显规矩严谨的风格,穿着时罩在袍服之外,应为清代官宦人家中年女子着装。

石青缎地二龙戏珠双凤团花纹织金锦对襟女褂局部

石青缎地二龙戏珠双凤团花纹织金锦对襟女褂正视图

石青缎地二龙戏珠双凤团花纹织金锦对襟女褂后视图

红地加金龙凤妆花缎裙

【清】裙长 97 厘米,摆宽 111.5 厘米
苏州丝绸博物馆藏

此裙为典型的清代女子下身着装,红色缎地裙料上采用繁复的妆花工艺彩织纹样,前后裙门纹样为龙,并在纹样外部加织几何形金线边饰,突显穿着者的尊贵气度。前后裙门及底摆均镶饰黑色缎边,裙腰部位搭配白色棉布腰围,暗合白头到老之寓意。该裙为清代官宦簪缨家族女子礼裙。

红地加金龙凤妆花缎裙正视图

红地加金龙凤妆花缎裙后视图

百蝶穿花

常指众多蝴蝶纹与折枝花卉纹的组合纹样,是一种清代女性服饰常见的装饰题材。"蝶恋花"象征着浪漫的爱情与美满的婚姻。

紫色缎绣百蝶纹氅衣

【清】衣长 140 厘米,通袖长 191 厘米
南京市博物总馆(江宁织造博物馆)藏

此氅衣圆领,大襟右衽,平袖,袖长及腕,左右两开裾,直身式袍,缀铜鎏金錾花扣 5 枚。紫色缎上绣蝴蝶花卉纹,领口、衣襟及两侧下摆镶花卉宽缘。通体图案对称但不呆板,构图疏朗而不失丰富多彩,通过绣线的巧妙晕色,表现出寒梅与舞蝶的自然和谐。

紫色缎绣百蝶纹氅衣局部

紫色缎绣百蝶纹氅衣正视图

紫色缎绣百蝶纹氅衣后视图

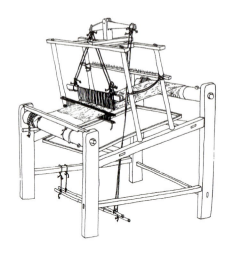

缂丝

缂丝，又名"刻丝"，源于汉魏时期传入的"缂毛"技艺，唐代时被运用于丝织物，两宋迭代之际，缂丝工艺传至江南一带，是苏州丝绸织造中最具代表性的传统手工技艺之一。缂丝织造技艺主要体现为"通经断纬"，用小梭子将五彩丝线逐色缂织，轮廓色阶变换独特，"承空观之，如雕镂之象"。缂丝工艺精细繁复，至今仍须手工织造，因此有"一寸缂丝一寸金"之说，为首批国家级非物质文化遗产代表作，也是"中国蚕桑丝织技艺"人类非物质文化遗产代表性项目内容之一。

缂丝机

石青缂五彩四团云龙衮织成局部

湖绿地皮球花冰纹缂丝氅衣正视图

湖绿地皮球花冰纹缂丝氅衣

【清】 衣长 140 厘米，通袖长 165 厘米
周峰藏

  这件湖绿地女装为缂丝氅衣，形制为圆领，大襟右衽，窄袖，左右两侧开裾，上端饰如意云头。氅衣面料缂织皮球花与冰裂纹，构图疏朗有致，设色雅致。缂织技法娴熟流畅，运梭简洁洗练，皮球花为缂绘结合，晕色自然。此衣当为清代贵族女子着装之佳品。

湖绿地皮球花冰纹缂丝氅衣后视图

二
各极其妙

第八回
探宝钗黛玉半含酸

画神鬼易，画人物难。写宝卿，正是写人之笔。

宝玉掀帘，一迈步进去，先就看见薛宝钗坐在炕上做针线。头上挽着漆黑油光的鬓儿，蜜合色棉袄，玫瑰紫二色金银鼠比肩褂，葱黄绫棉裙，一色半新不旧，看来不觉奢华。唇不点而红，眉不画而翠，脸若银盆，眼如水杏。罕言寡语，人谓藏愚；安分随时，自云守拙。

实不知胸中有何丘壑？

一语未了，忽听外面人说："林姑娘来了！"……宝玉因见他外面罩着大红羽缎对衿褂子，因问："下雪了么？"地下婆娘们道："下了这半日雪珠儿了。"宝玉道："取了我的斗篷来不曾？"黛玉便道："是不是？我来了他就该去了。"

灰蓝色暗花绸打籽绣女马甲

【清】衣长58厘米，下摆宽68厘米
苏州丝绸博物馆藏

  这件马甲为清代女子春秋着装，穿着时罩在衫或袄外面。衣身面料为灰蓝色暗花绸，其上采用打籽绣技法绣制对称的花卉图案，显得富丽雍和。马甲周围均镶饰人物、花卉刺绣纹样宽边，整体造型规整、流畅，制作工艺精细考究。

灰蓝色暗花绸打籽绣女马甲正视图

灰蓝色暗花绸打籽绣女马甲后视图

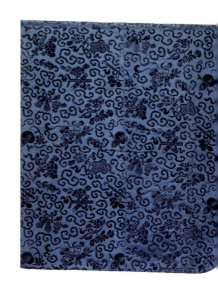

蓝色暗八仙纹漳缎袄

【清】衣长 92 厘米，通袖长 172 厘米
苏州丝绸博物馆藏

  这件女袄为小立领、大襟、广袖阔摆，领周镶饰四合如意刺绣云肩，袖跟造型颇具宋明形制遗风。蓝色漳缎面料地部光洁，绒部齐整，纹饰丰富精美，暗八仙纹样寓意吉祥，显得疏朗有致、富贵大气。领、襟及衣摆均绣有亮丽的花卉图案，形成色彩反差，衬托袄身的沉稳宁静气息。

蓝色暗八仙纹漳缎袄正视图

蓝色暗八仙纹漳缎袄后视图

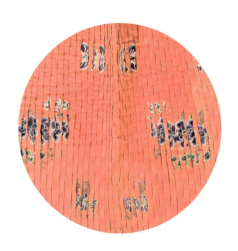

杏黄色缎打籽绣鹤鹿花蝶纹马面裙

【清】裙长88厘米，腰宽67.5厘米
苏州丝绸博物馆藏

马面裙是清代女子的主要着装之一，因前后裙门较大形似马面而得名。马面裙的装饰重头在马面上，图案、色彩与裙料互为衬托，和谐呼应。此裙杏黄色缎面上采用了打籽绣工艺绣制鹤鹿花蝶纹样，前后裙门与衣摆分别镶饰蓝黑缎边与机织花边，裙侧为鱼鳞状细褶，其上绣有花蝶等图案，整体显现马面裙富丽华贵气息。

杏黄色缎打籽绣鹤鹿花蝶纹马面裙局部

杏黄色缎打籽绣鹤鹿花蝶纹马面裙局部

杏黄色缎打籽绣鹤鹿花蝶纹马面裙正视图

妃色团花纹缎镶绣边对襟女长褂

【清】衣长 129 厘米，通袖长 139 厘米
苏州丝绸博物馆藏

  这件女长褂面料为妃色团花缎，纹样图案对称。款式为圆领、对襟、直袖，褂身左右侧摆小开衩，领、袖、襟边及下摆镶饰"三蓝绣"花卉纹镶边。三蓝绣是采用色相相同、色度有差异的蓝色丝线，按照一定的层次比例搭配，绣成颜色深浅变化的纹样。这件女长褂襟边上下如意相对，左右两端接袖采用白缎地彩绣花鸟纹，体现出端庄雅致的格调。

妃色团花纹缎镶绣边对襟女长褂正视图

纳纱荷包、纳纱扇套一组

【清】

周峰藏

盘金绣蝉式荷包

【清】

周峰藏

刺绣扇套

【清】

周峰藏

织锦褡裢

【清】
周峰藏

堆绫绣褡裢一组

【清】
周峰藏

堆绫绣荷包一组

【清】

周峰藏

盘金绣荷包

【清】

周峰藏

盘金绣荷包一组

【清】
周峰藏

堆绫绣"囍"字镜套

【清】
周峰藏

拜帖锦盒

【清】

周峰藏

三
龙驹凤雏

第十五回
宝玉谒北静王

宝玉谒北静王，辞对神色，方露出本来面目，迥非在闺阁中之形景。

　　话说宝玉举目见北静王水溶，头上戴着洁白簪缨银翅王帽，穿着江牙海水五爪坐龙白蟒袍，系着碧玉红鞓带，面如美玉，目似明星，真好秀丽人物。

　　见宝玉戴着束发银冠，勒着双龙出海抹额，穿着白蟒箭袖，围着攒珠银带，面若春花，目如点漆。水溶笑道："名不虚传，果然如宝似玉。"

蟒袍

清代服制，公侯至七品官，皆穿蟒袍。《皇朝礼器图式》载皇子蟒袍，用金黄色，片金缘，通绣九蟒，裾四开，其形制达于宗室。蟒袍下端斜向排列的线条称"水脚"。水脚上有波涛翻滚的水浪，水浪之上又立有山石宝物，俗称为"海水江崖"（也作"江牙海水"），寓有江山永固之意。据《大清会典》等典章规定，蟒袍上所饰纹样，皇子、亲王、郡王为五爪蟒九条；贝勒、贝子、固伦额驸至文武三品官、奉国将军、郡君额驸、一等侍刀等人的蟒袍为四爪蟒九条，其中贝勒以下、民公以上曾蒙皇帝赐五爪蟒者可用五爪蟒。

紫色云龙杂宝纹妆花绸单蟒袍

【清】衣长 138 厘米，通袖长 221 厘米
南京市博物总馆（江宁织造博物馆）藏

此袍服圆领、前后及左右四开裾，马蹄袖，紫色绸质，领边、衣襟用"卍"字纹织金料镶边。用片金线以妆花工艺织九条五爪金龙，间隙织有五彩祥云、杂宝等纹样，下摆织海水江崖纹。袍服质料轻薄，多为夏季穿着。

紫色云龙杂宝纹妆花绸单蟒袍正视图

箭袖

箭袖,源于北方民族服饰,最初是为冬季行猎时防寒护手而做。满族的袍褂常在袖口处加一截半圆形的袖头,因其状颇似马蹄,俗称"马蹄袖"。袖口狭窄,上长下短,以便在骑射时既能打开露出双手以利拉弓放箭,又可于射箭后随时放下,盖住手背以御寒。清代箭袖成为满族礼服的袖头,男女皆可穿用。

白色团鹤四合如意纹宁绸常服袍

【清】衣长137厘米,通袖长232厘米
苏州丝绸博物馆藏

这件白色常服袍为清代官宦燕居着装。圆领、大襟右衽,袍身左右、前后开裾,两袖端饰马蹄袖显现游牧民族的着装特点。领口镶元青素缎边,袍服面料为团鹤四合如意暗花纹宁绸。

白色团鹤四合如意纹宁绸常服袍局部

白色团鹤四合如意纹宁绸常服袍正视图

白色团鹤四合如意纹宁绸常服袍后视图

四
踏雪寻梅

第四十九回
琉璃世界白雪红梅

昔人爱轻捷便俏,闲取一螂,观其仰颈叠胸之势。今四字无出处,却写尽矣。

湘云笑道:"你们瞧我里头打扮的。"一面说,一面脱了褂子。只见他里头穿着一件半新的靠色三镶领袖、秋香色盘金五色绣龙窄裉、小袖掩衿银鼠短袄,里面短短的一件水红妆缎狐肷褶子,腰里紧紧束着一条蝴蝶结子长穗五色宫绦,脚下也穿着鹿皮小靴,越显得蜂腰猿背,鹤势螂形。

蓝地团龙纹刺绣镶边女褂

【清】衣长104厘米，通袖长131厘米
苏州丝绸博物馆藏

  清晚期典型贵族女子着装，面料为蓝色缎地团龙纹闪缎，纹样以中国传统的几何框架间以团龙朵云，上下错位排列，布满全幅。衣式为圈领、大襟宽袖，左右阔摆开衩，领口、衣襟及下摆镶绲三道大小不一的花边，"三镶三绲"，做工极为考究。领周镶饰白缎地彩绣动物、花卉纹如意瓣状云肩。

蓝地团龙纹刺绣镶边女褂背部衣领

蓝地团龙纹刺绣镶边女褂正视图

蓝地团龙纹刺绣镶边女褂后视图

湖色暗八仙纹暗花缎棉袄

【清】衣长 83 厘米，通袖长 147 厘米
周峰藏

  这件棉袄为清代汉族富家女子冬季着装，小立领，大襟，广袖，袖型款式颇具宋明服制遗风。袄身面料为湖色八仙纹暗花缎，领周饰以四合如意云肩。衣身左右前后开裾，前后襟开裾处镶饰如意云头，袖口配饰枣红色刺绣袖边，整体色彩浓艳，雍容大度。

湖色暗八仙纹暗花缎棉袄正面领口

湖色暗八仙纹暗花缎棉袄正视图

湖色暗八仙纹暗花缎棉袄后视图

玫红色暗花绸镶花边马面裙

【清】裙长 97 厘米，摆宽 115 厘米
周峰藏

  马面裙为清代女子流行裙式之一，因穿着时前后裙门形似马面而得名。此裙面料为玫红色暗花绸，色彩明艳。裙门两侧饰以对称的半片如意云头，下部图案以平金绣铺地，彩绣人物场景。裙侧镶饰尖头条带，形似凤尾，极具装饰性。裙门及裙摆均镶饰多重花边，刺绣与拼接工艺细腻精巧，绚丽华贵。

玫红色暗花绸镶花边马面裙正视图

蓝色百蝶纹暗花绸对襟灰鼠皮里褂

【清】衣长 75 厘米，通袖长 121 厘米
周峰藏

  此褂为小立领，对襟，宽博平袖，衣身左右及前后开裾，门襟镶饰如意云头。褂面为蓝色百蝶纹暗花绸，领、襟、袖、衣摆处均镶饰刺绣花卉饰边与机织花边。褂身工艺线条流畅，色彩和谐，里衬为灰鼠皮毛，为清代贵族女子冬季着装。

蓝色百蝶纹暗花绸对襟灰鼠皮里褂

蓝色百蝶纹暗花绸对襟灰鼠皮里褂正视图

蓝色百蝶纹暗花绸对襟灰鼠皮里褂后视图

玄色团双龙戏珠纹暗花缎对襟褂

【清】衣长102厘米,通袖长140厘米
周峰藏

　　此褂为清代汉族中年妇女着装。形制为圆领,对襟,大袖,宽摆,左右开裾。领周饰有四合如意云肩,与襟前顶部如意云头相呼应,并镶饰同一系列的袖端、衣摆,形成整体的和谐风格。褂身面料为玄色团花对龙戏珠纹暗花缎,凸显女褂幽静雅致的基调,于沉稳庄重处透露出着装者的尊贵身份。

玄色团双龙戏珠纹暗花缎对襟褂正视图

玄色团双龙戏珠纹暗花缎对襟褂后视图

五
妙绪缤纷

第五十二回
勇晴雯病补雀金裘

以西洋鼻烟、西洋依弗哪药、西洋画儿、西洋诗、西洋哦啰斯国雀金裘联络为章法，极穿插映带之妙。

　　贾母见宝玉身上穿着荔色哆啰呢的天马箭袖，大红猩猩毡盘金彩绣石青妆缎沿边的排穗褂子……贾母便命鸳鸯："来，把昨儿那一件乌云豹的氅衣给他罢！"……宝玉看时，金线辉煌，碧彩烂灼，又不似宝琴所披之凫靥裘。只听贾母笑道："这叫作雀金呢，这是哦啰斯国拿孔雀毛拈的线织的……"

西洋呢绒

　　西洋呢绒，指明清时期欧洲生产的各类以羊毛为主要原料的毛织品。常见品种有哆啰呢、猩猩毡、羽缎、羽纱、哔叽缎、番妃等。这些西洋呢绒先到达东南沿海各海关，按规定纳税后进入宫廷及民间市场。因西洋呢绒价格较高，故清代使用西洋呢绒者主要为宫廷与官宦之家，主要用于制作雨雪冠服、铺垫、帘帏等。

大红毛呢地盘金彩绣千佛图

【19世纪末】长 225 厘米，宽 118 厘米
周峰藏

这件大红毛呢千佛图为西洋呢绒织绣品，面料来自欧洲。整件大红毛呢织物殷红如血，绵软厚实。四周钉盘金绣线勾框，外缘边饰彩绣二龙戏珠与金凤图案，内界分列百余格，格内彩绣众多佛教人物形象，诸如佛像、菩萨、罗汉等，呈现千佛拥戴佛陀姿态。刺绣技法纯熟，人物形象栩栩如生，图案布局整齐规范，不失为西洋呢绒织绣品之佳作。

孔雀羽

孔雀羽线，是将孔雀羽的羽小枝捻在丝线芯上制作而成。孔雀羽丝与丝线加捻后得到的孔雀羽线是绒状的，小羽枝包裹着丝线呈不规则放射状，发出荧荧的蓝绿色光。孔雀羽毛幽幽的蓝绿色荧光，是依靠自然光与波长尺度相似微结构的相互作用而产生颜色，因此能持久绚丽。

孔雀羽缂丝文七品鸂鶒补

【清】29厘米×29厘米
周峰藏

清代官补是文武官员补服上缀饰的飞禽或走兽徽识图案。《大清会典》规定，七品文官使用鸂鶒补子。穿着时因前襟对开，前补分列两片，后补为完整的一片。这对文官七品鸂鶒补采用缂丝工艺缂织，中心部位鸂鶒纹样生动、色彩鲜明，朵云图案地部采用孔雀羽线缂织，莹莹泛绿，显现缂丝工艺的匠心与精致。

孔雀羽缂丝文七品鸂鶒补前补

孔雀羽缂丝文七品鸂鶒补后补

六
薄如轻烟

第四十回
史太君两宴大观园

刘姥姥语乃作者唤醒不知物力诸痴公子也。

贾母笑道:"……那个软烟罗只有四样颜色,一样'雨过天晴',一样秋香色,一样松绿的,一样就是银红的。若是做了帐子,糊了窗屉,远远的看着,就似烟雾一样,所以叫作软烟罗。那银红的又叫作霞影纱,如今上用的库纱也没有这样软厚轻密的了。"……刘姥姥也觑着眼,看个不了,念佛说到:"我们想他作衣裳也不能,拿着糊窗子,岂不可惜!"

湖色地梅竹纹提花罗女单衫

【清】衣长 100 厘米，通袖长 130 厘米
苏州丝绸博物馆藏

  这件湖色地女单衫为女子夏季服装，色调清新亮丽，面料采用透爽灵动的提花罗织物，纹样为雅致的梅竹组合。衣身形制为小立领、大襟、窄袖、直身，领部前襟及肘部饰以宽大黑缎镶边，显得醒目而沉稳，与轻盈的衣料相衬托。此衫当为江南地区女子着装。

湖色地梅竹纹提花罗女单衫正视图

湖色地梅竹纹提花罗女单衫后视图

湖色提花罗镶黑边彩色打籽花卉罗裙

【清】裙长81厘米,摆宽119厘米
苏州丝绸博物馆藏

  此罗裙为清代晚期女子着装,面料为提花罗织物,轻薄透爽,色调清新淡雅。前后马面刺绣彩色的打籽绣花卉图案,明艳亮丽,夺人眼球。裙门马面和裙下摆镶饰黑缎宽边,裙侧分区间设置黑缎细边襕干,突显色调装饰效果。

湖色提花罗镶黑边彩色打籽花卉罗裙正视图

大红地织勾连牡丹直径纱

【清】幅宽72厘米,长1380厘米
苏州丝绸博物馆藏

这幅大红直经纱匹料出自清代苏州织造署,匹头织款"苏州织造臣立山",表明该面料由时任苏州织造杨立山督理织造而成。幅面满织暗花纹样,图案布局规整,以团窠牡丹为主纹样,间饰传统勾连纹,呈现出精致秀雅的织物风格,整件匹料给人以宫廷御制的尊贵气息。

大红地织勾连牡丹直径纱

七
文雅富丽

第三回
荣禧堂

第六回
刘姥姥一进荣国府

略叙荣府家常之礼数。
　　临窗大炕上铺着猩红洋罽,正面设着大红金钱蟒靠背,石青金钱蟒引枕,秋香色金钱蟒大条褥。

一段阿凤房室、起居、器皿、家常正传,奢侈珍贵好奇货注脚。写来真是好看。
　　只见门外鏨铜钩上悬着大红撒花软帘,南窗下是炕,炕上大红毡条,靠东边板壁立着一个锁子锦靠背与一个引枕,铺着金心绿闪缎大坐褥,傍边有银唾沫盒。

大红地五彩大蟒缎

【清】幅宽 76 厘米,长 1317 厘米
苏州丝绸博物馆藏

  织物为云蟒纹朝袍妆花织成料,以大红色团龙暗花缎为地,纵向定位织出纬向显花妆花缎。其图案特征为五彩海水江崖纹构成柿蒂窠框架,内饰五爪金龙一尊,用圆金线挖织而成,四周布满五彩灵芝祥云纹,下摆饰有海水行龙纹横襕,用色富丽,织造技艺高超。匹料端处织款为"苏州织造臣荣铨",表明织物由苏州织造署制织。

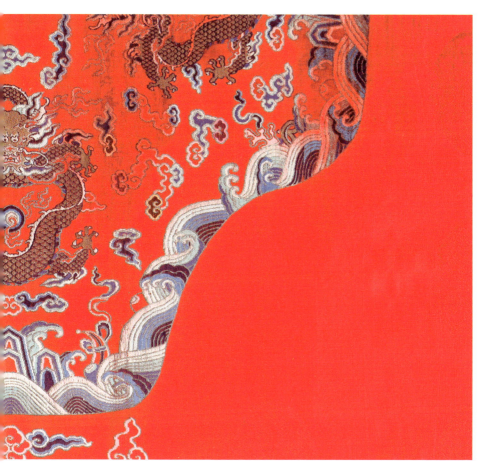

大地红五彩大蟒缎局部

绿色大蟒缎

【清同治】幅宽 20 厘米，长 1408 厘米
南京市博物总馆（江宁织造博物馆）藏

朝袍料，绿色缎地，用捻金线及各色彩绒，采用妆花技法织柿蒂云蟒纹，色彩丰富，织工精湛，是清代晚期江南（宁）织造妆花工艺的代表之作。

绿色大蟒缎局部

大红织金寸蟒妆花缎

【清光绪】幅宽 75 厘米,长 1354 厘米
南京市博物总馆(江宁织造博物馆)藏

  在大红地上以妆花织金技法织寸蟒纹。匹头织"江南织造臣忠诚"字样。忠诚,清同治年间任江南(宁)织造。

大红织金寸蟒妆花缎局部

大红织金寸蟒妆花缎局部

红地绿牡丹纹闪缎披料

【清】幅宽 70 厘米,长 179 厘米
苏州丝绸博物馆藏

披料即椅披匹料,是古代家具座椅的外饰,也称为椅搭、锦背。这幅椅披料闪缎为传统提花丝织物,它采用了对比强烈的红、绿两色经纬丝线织造,通过色相差异产生视觉上的闪色效果。幅面主要部分为红地缎面上闪现缠枝绿牡丹纹,布局规整、错落有致,图案璀璨富丽。披料两端设有间隔卍字纹横襕,内布密集的折枝小花和团凤等纹样。

红地绿牡丹纹闪缎披料

八
随笔成趣

第十九回
意绵绵静日玉生香

若都写的出来，何以见此书中之妙？

茗烟大笑道："若说出名字来话长，真真新鲜奇文，竟是写不出来的。据他说，他母亲养他的时节，做了个梦，梦见得了一匹锦，上面是五色富贵不断头卍字的花样，所以他的名字叫作卍儿。"宝玉听了笑道："真也新奇！想必他将来有些造化。"

江南三织造

清王朝在初期就改变了明代在全国设立20多个官营织造机构的分散管理体制,改为实行集中督织生产,只在北京和江南丝织业发达的江宁、苏州和杭州设置了4处由官府经营管理的织造机构,北京的称内织染局,江南的三处分别称江宁织造局、苏州织造局和杭州织造局,合称"江南三织造"。

1. 机构概况

江南三织造的织造机构通常分为两个部分:一为织造衙门,是织造官吏驻扎及管理织造行政事务的官署;二为织造局,是经营管理织造生产的官府工场。

2. 管理

江南三织造的管理官员在明代由织造太监管理,清顺治三年(1646),顺治帝下令"罢织造太监",改归工部管理,以工部侍郎管理苏杭织造事务。三局各设"织造"一人,主要负责织造局的经营和管理,包括筹算所需费用、采办丝织原料、监督丝织品的织造和解运等。康熙帝即位后,于康熙二年(1663)停工部管理,将三织造改归内务府。虽然织造的官品不高,却因系钦差大臣而享有与各省督抚并列的地位。

三织造官员负责督织、解送丝绸织物的同时,还拥有密折上奏特权,随时向皇上直接禀报钱粮、吏治、营务、收成及粮价等江南地方情况,兼有在政治上监督地方的作用,其地位特殊,权限和名声都非同寻常。到清代中期以后,三织造官员的这种特殊地位及作用才逐渐消失。

3. 产品种类

"江南三织造"生产的主要缎匹品种有上用和官用的绒圈团龙妆花缎、闪缎、字缎、素缎,纳贡上用的二则宫绸、二则直地纱、帽缎,以及官用的软罗、罗缎、素纺丝、彭缎、纱、绫、杭细等。

　　清代官营织造的织物缎匹有严格的典制规定,服式有定款、匹料有定长、织造有定时。根据《苏州织造局志》记载:苏州织造局督造的织物服饰分为上传特用、上用和官用。三织造的分工略有不同,江宁织造擅长云锦、妆花,苏州织造擅长宋锦、缂丝、锦缎纱绸绢和刺绣,杭州织造则擅长素织物和暗花织物(绫罗纱绸)。

苏州织造署旧址

湖色地正卍字织金锦

【清同治】幅宽79厘米，长1408厘米
南京市博物总馆（江宁织造博物馆）藏

  在湖色地上以织金技法织正卍字。匹头织"江南织造臣庆林"字样。庆林，清同治年间任江南（宁）织造。

  卍字纹：卍字在梵文中意为"吉祥之所集"，有吉祥、万福和万寿之意，读作"万"。用"卍"字四端向外延伸，又可演化成多种锦纹。这种连锁花纹常用来寓意绵长不断的万福万寿之意，也叫"万寿锦"。

湖色地正卍字织金锦局部

湖色地正卍字织金锦

月白地织正卍字织银缎

【清】幅宽 76 厘米，长 1233 厘米
苏州丝绸博物馆藏

  这幅织银缎是清代典型的传统织物，月白色沿用了古人对月光色彩的形象称谓，现代称之为淡蓝色。该缎匹采用金银线作纬织出满幅方正的卍字纹，因缎地紧密，金银线硬挺，故而织物质地极为平整，呈现银光闪烁的织物效果，赋予宫廷御用织物的尊贵气息。缎匹机头横襕内织"苏州织造臣毓秀"款识，毓秀为清代同治十三年（1874）到任的苏州织造臣。

月白地织正卍字织银缎局部

月白地织正卍字织银缎

都说，读不尽的《红楼梦》。

《红楼梦》中，曹雪芹像是只写了一个家庭、一个家族的兴衰荣辱、离合悲欢，实际上却是描绘了中华民族文化的大观与奇境，描绘了中国社会百态的风情、丰满故事和独特的哲思……

江南运河上的文字、影像与丝绸交织，不禁让我们思绪飞扬，何以梦红楼？

南京市博物总馆（江宁织造博物馆）

1962年，由上海海燕电影制片厂出品的越剧电影《红楼梦》诞生，书写了一段沪港光影合作佳话。

电影最大的突破在于将舞台艺术进行电影化升级，借用电影表现手法锦上添花，兼收戏曲与电影之长，唱词撷取原著之妙，辅以舞台演绎特色，文采飞扬，字字珠玑，朗朗上口，雅俗共赏，为"红楼戏"中之经典。

上海电影博物馆

第二单元 撷光拾影

  《红楼梦》自问世以来，因其蕴涵丰富的文化精神和独特的艺术魅力，深受广大读者的喜爱，以其为题材创作的绘画、戏曲和影视作品等多种艺术形式层出不穷。撷取原著之妙，或印绘人物故事，或借用舞台演绎，抑或刻录光影声像，让未尽的梦幻构思精彩延续，成就不朽的艺术集萃。

绘画

蒋洽　金陵十二钗图折扇

【清】纸本　设色
苏州博物馆藏

　　蒋洽，字宜安，号香草主人，苏州人。沙馥入室弟子，笔墨劲秀，刻画精工，点染明秀。此扇绘《红楼梦》十二金钗，仿改琦之意。

清光绪版改琦绘《红楼梦图咏》

【清】长 30.5 厘米,宽 18.5 厘米
南京市博物总馆(江宁织造博物馆)藏

  此书籍线装四册,白纸本,画家改琦绘图,淮浦居士重编,光绪五年(1879)刊本。这本木版画集共绘制了通灵宝玉、绛珠仙草、黛玉、宝玉等五十幅,为之题咏的有张问陶、徐渭仁、吴荣光等名流三十四人,共七十五咏。虽然出自木刻,但刻工优秀,体现了改琦作品的神韵,形象准确传神,线条衣饰流畅自然,体现了清代版画的高超技艺。

招贴画

金陵十二钗招贴画

【民国】长 105 厘米,宽 55 厘米
南京市博物总馆(江宁织造博物馆)藏

　　民国招贴画,著名月份牌画家杭穉英绘,描绘了大观园省亲别墅牌坊前贾宝玉、刘姥姥等与裙钗齐聚的场景。

共读《西厢》招贴画

【民国】长 90 厘米,宽 63.5 厘米
南京市博物总馆(江宁织造博物馆)藏

民国时期招贴画,著名月份牌画家倪耕野绘,描绘了宝黛共读《西厢》的场景。

黛玉葬花招贴画

【民国】长 73.5 厘米，宽 58 厘米
南京市博物总馆（江宁织造博物馆）藏

  1927 年的月份牌招贴画，亚细亚火油公司发行，描绘了梅兰芳饰演的林黛玉形象。

梅兰芳版林黛玉招贴画

【民国】长 102.5 厘米，宽 72.5 厘米
南京市博物总馆（江宁织造博物馆）藏

  民国时的招贴画，描绘了梅兰芳饰演的林黛玉形象。

潇湘抚琴招贴画

【民国】长 102.5 厘米,宽 72.5 厘米
南京市博物总馆(江宁织造博物馆)藏

　　民国时的招贴画,描绘了宝玉、妙玉在潇湘馆外听黛玉抚琴的情景。

越剧电影《红楼梦》

  1962 年,上海海燕电影制片厂和香港金声影业公司,以越剧《红楼梦》为蓝本拍摄了一部戏曲艺术片,岑范导演,徐玉兰、王文娟主演。片中人物造型俊美、唱腔柔丽、表演细腻真切,充分发挥了越剧的艺术特点,在体现原著思想内涵的同时,突出了宝黛的爱情悲剧,增强了情感的表现力度,产生了震撼人心的效果,具有很强的审美力量,是一次比较成功的改编。据不完全统计,仅中国本土的观众人数就达十二亿人次,是中国戏曲史、中国电影史上的一个里程碑。

《红楼梦》
(电影文学剧本)

《〈红楼梦〉导演阐述》

1987版《红楼梦》剧装设计

1987版《红楼梦》剧装设计手稿

【当代】苏州剧装戏具厂创作
苏州市工商档案管理中心藏

　　剧装戏具制作技艺源于苏州，与昆曲相伴相生，迄今已有六百多年的历史，2006年被列为首批国家级非物质文化遗产代表作，李荣森被评为国家级代表性传承人。

　　1984年，苏州剧装戏具厂与中央电视台、中国电视剧制作中心《红楼梦》剧组合作，承担了电视剧《红楼梦》中一百四十多位人物近两千七百套服装的研制工作。服装制作用了近三年时间，《红楼梦》每个人物的特点都在戏服的配色和绣花中体现得淋漓尽致。

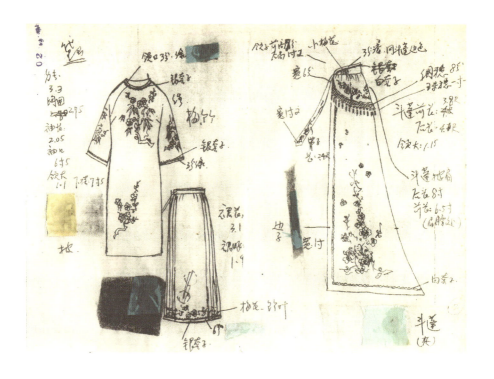

林黛玉服装小图样

林黛玉袖子作合　　　　　　　林黛玉裙马面花

林黛玉裙边

上图：贾宝玉圆领褛子边样
下图：薛宝钗袖子作合

上图：王熙凤米黄云肩作合
下图：王熙凤袖边作合